U0100574

大展好書 好書大展

易學智慧 6

鄭萬耕／著

# 易學源流

大展出版社有限公司

# 序

任繼愈

《易經》這部書幽微而昭著，繁富而簡明。五千年間，易學思想有形無形地影響著中華民族的社會生活、政治生活以及人生哲學。

《周易》經傳符號單純（只有陰陽兩個符號），文字簡約（約兩萬四千餘字），給後代詮釋者留出馳騁才學的廣闊天地。迄今解易之書逾數千家。近年已有光電傳播媒體，今後闡釋易學的各種著作勢將更為豐富。

歷代有真知灼見的易學研究者，從各個方面反映各時代、各階層的重大問題。前人研究易學的成果豐富了中華民族的文化寶庫。研究易學，古人有古人的重點，今人有今人的重點。今天中國人的使命是加速現代化的步伐，迎接二十一世紀。

易學，作為中華民族文化遺產，也要為文化現代化而做貢獻。當代新易學的任務之一是擺脫神學迷信。易學雖起源於神學迷信，其出路卻在於擺脫神學迷信。凡是有生命的文化，都植根於現實生活之中，不能游離於社會之外。大到社會治亂，小到個人吉凶，都想探尋個究竟。人在世上，是聽命於神，還是求助於人，爭論了幾千年，這兩條道路都有支持者。

哲學家見到《易經》，從中悟出彌綸天地的大道理；德國萊布尼茲見到《易經》，從中啓悟出數學二進制的前景；嚴君平學《易經》，構建玄學易學的體系；江湖術士不乏「張鐵口」、「王半仙」之流，假易學之名，蠱惑愚衆，欺世騙財。易學研究走什麼道路，是易學研究者普遍關心的大事，每一位嚴肅的易學研究者負有學術導向的責任。

本叢書的撰著者多是我國近二十年來湧現的中青年易學專家。他們有系統的現代科學訓練的基礎，有較深厚的傳統文化素養，有嚴肅認眞的學風，易學造詣各有專攻。這部叢書集結問世，必將有益於世道人心，有助於易學健康開展，爲初學者提供入門津梁，爲高深造詣者申一得之見以供參考。

這套叢書的主旨，借用王充《論衡》的話——「疾虛妄」。《論衡》作於二千年前。然而，舊迷霧被清除，新迷霧又彌漫，「疾虛妄」的任務遠未完成。如果多數群衆尚在愚昧迷信中不能擺脫，我們建設現代化中國的精神文明就無從談起。我們的任務艱巨而光榮。

本叢書的不足之處，希望與讀者共同切磋，共同提升。

# 目錄

## 第四章 玄學派易學的發展

## 第五章 兩宋易學的興盛

## 第六章 元明易圖學的流行……二一七

# 第一章　《周易》的形成

我的朋友李申稱易學為一條流淌的易學之河。這是一個很好的比喻。《周易》是我國一部古老的典籍，其流傳已有近三千年的歷史。易學是對《周易》所作的種種解釋，並由其解釋，逐漸形成了一套理論體系。易學源遠流長，經歷了不同的歷史階段，形成了許多流派，其內容也不斷豐富和發展，對中國古代的哲學、宗教、科學、文學藝術以及政治和倫理生活，乃至民俗習慣都起了深刻的影響。中國人的智慧和理論思維水平，在同西方文化接觸之前，主要是透過對《周易》的研究，得到鍛鍊和提升的。但是，長期以來，易學一直被罩上了一種神秘的色彩。因此，我們可以把易學看作一條神秘的智慧之河。

既然是一條大河，就會有它的源頭活水，涓涓細流，小溪支脈，以至波瀾壯闊的江面，也會有激流險灘和濁流旋渦。那麼，就讓我們從源頭說起，逐步撩開它的面紗，以展現其豐富的智慧吧。

# 星占與雜占

人類的童年時代，由於生產力極其低下，人在各種自然物和自然力面前都顯得那麼無能為力，所掌握的知識又非常貧乏，這就造成了對自然力的巨大恐懼。因此，人們篤信宇宙間充滿著鬼怪精靈，認為一切事物都由神靈主宰著；又相信神靈對於人們的行為很關心，時時給人以指示，叫人按照去做。中國遠古時代的自然崇拜、圖騰崇拜、祖先崇拜和天神崇拜就是這種幼稚思想的反映。這時，人們普遍奉行著一種原始的巫教。無論狩獵、出行、耕種、收穫、造屋、祭祀、結盟、征戰、傳位、婚嫁、生子等活動，以及天氣好壞、疾病恙癒等等，都要在卜問神意的基礎上，決定自己的行動。為了探求神靈的意旨，觀察禍福成敗的徵兆，預測吉凶，人們就必須使用種種方法，這就是數術。

根據《漢書·藝文志》術數略，列術數為六種，大致共分為兩大類：一類是天啟的，一類是人為的。星占、雜占屬於天啟的術數，蓍龜占卜則是人為的術數。按照思維發展的規律，天啟的應當比較早，人為的是補充天啟的不足。

星占是根據天文星象的變化來占候吉凶之徵的術數。它起源可能很早。《尚書・堯典》說：「乃命羲和，欽若昊天。曆象日月星辰，敬授民時。」羲和觀天象，告訴人們如何計時。如果星象發生異常，超出了他們的實際經驗，就很有可能以宗教巫術的形式作出種種解釋，這就是原始的星占。

明清之際的著名思想家顧炎武（一六一三—一六八二）在《日知錄》中說：「三代以上人人皆知天文。『七月流火』，農夫之辭也。『三星在戶』，婦人之語也。『月離子畢』，戍卒之作也。『龍星伏辰』，兒童之謠也。」在這種情況下，星占就會廣泛流行起來。以至於到了戰國時代，楚人甘德（一說齊人）著《天文星占》，對此作了初步總結。

《左傳》中記錄了很多星占的史實。昭公十年（公元前五三二年）春，有星出於婺女宿之位，鄭國的星占家裨灶就對子產說：「七月戊子，晉君將死。」預言晉國君主將在七月戊子日死去。

昭公十七年冬，孛星出於大辰之西；十八年夏，大火星（心宿）黃昏初現，梓慎、裨灶都斷言宋、衛、陳、鄭等國會發生大火災。

《墨子・貴義》也有一個故事，說墨子要到齊國去，遇到一位會占卜的人。這個人對墨子說：「帝今日殺黑龍於北方，而先生之色黑，不可以北。」墨子不聽這一套，還是堅定地往北走，行至淄水，由於不順利就返回來了。這裡所說的「殺黑龍於北方」，就是指星象的變化，「不可以北」，即其占辭。因為下文還談到了「甲乙殺青龍於東方」，「丙丁殺赤龍於南方」，「庚辛殺白龍於西方」。

《周易》的卦爻辭可能吸收了原始星占的資料。「乾卦」初九：「潛龍，勿用」；九三：「見龍在田，利見大人」；九五：「飛龍在天，利見大人」；上九：「亢龍，有悔」。「龍」是星名。《左傳》有「龍見而雩」（桓公一年），「龍，宋鄭之星也」（襄公十八年）的說法。那麼，「乾卦」的幾個爻辭，當為星占一類。「豐卦」九三：「豐其沛，日中見沬，折其右肱，無咎」；九四：「豐其蔀，日中見斗，遇其夷主，吉」。斗、沬皆為星。這似乎也屬於原始星占的材料。《易傳・繫辭》所說「睦垂象，現吉凶」，大概就是指星占而言。

雜占是以物象來占測凶徵兆的數術，也可以稱為物象之占或「物占」。《漢書・藝文志》說：「雜占者，紀百事之象，候善惡之徵。《易》曰：『占事之來』。眾占非一，而夢為大。」物占以夢占最為重要。夢占是根據夢中的物象而占測吉凶的術數。《詩經・小雅・斯干》有這麼一段：「吉夢維何？維熊維羆，維虺維蛇。大人占之：維熊維羆，男子之祥；維虺維蛇，女子之祥。」根據鄭玄的解釋，這是說，做夢見到了熊羆或者虺蛇，依照聖人占夢之法占之，前者為生男，後者為生女。

《無羊》篇說，牧人夢見蝗蟲化為魚，這是豐收之年的好兆頭。

夢占的實例，在《左傳》中有很多記載，占夢之書亦代有所出。《漢書》中就錄有《黃帝長柳占夢》、《甘德長柳占夢》，後世有《周公占夢書》等等。

而世人皆知的就是「文王夜夢飛熊」的故事。據說西周奠基人文王姬昌視察靈臺，因為天晚了，就沒有回宮，便在靈臺上設繡榻而寢。睡熟生夢，忽見東南方向竄出一隻白額猛虎，肋生雙翅，向帳中撲來。文王急呼左右，只聽臺後一聲響亮，火光沖霄。文王驚醒，驚了一身冷汗。這時聽到臺下正打三更，原來卻是南柯一夢。第二天，他便召集群臣，問上大夫散宜生，「此夢主何吉凶」？散宜生躬身施禮，向文王拜賀，說：「此夢乃吾王大吉之兆，主大王得棟樑之臣，大賢之客。此人當不在風後、伊尹之下。」文王說：「卿何以見得如此？」散宜生說：「過去殷高宗曾有飛熊入夢，得傳說於版築之間。今主公夢虎生雙翅，不就是飛熊嗎？又見後臺火光沖天，乃烈火鍛物之象。今西方屬金，金見火必鍛，鍛煉寒金，必成大器。此乃興國之大兆。因此，臣特表祝賀。」後來，文王果然在渭水磻溪訪得姜子牙（道號飛熊）相周，遂奠定了周王朝八百年的基業。

這個故事純屬後人附會，但確實也反映了中國古人對夢占啟示的信仰。據易學家李鏡池（一九〇二—一九七五）研究，《周易》中也採用了夢占的材料，如履卦：「履虎尾，不咥人。凶」，即屬於此類。

夢占之外，還有直接以物象的特殊顯現而推占吉凶的。《史記・殷本紀》記載，殷高宗之時，有桑穀俱生於朝，七天便長到拱手那麼粗。高宗害怕了，便問宰相伊陟。伊陟說：「臣聽說妖不勝德，這大概是您的政治有什麼缺憾的緣故吧。您應該修德。」高宗聽從了他的意見，大修其德，桑穀便枯死消失了（又見《論衡・異虛》）。

這類禎祥妖異占候的故事，在《左傳》、《山海經》中記載是相當多的。這大概就是《易傳・繫辭》「河出圖，洛出書，聖人則之」的所指吧。

物占又常以普通的器物進行占驗。《左傳》記載，春秋時晉公子重耳（即晉文公　前六九七—前六二八）流亡在外的時候，到了衛國，衛國的國君對他很不禮貌，讓他去了五鹿這個地方。他沒有吃的，便向農民討飯吃。農民給了他一個土塊，重耳大怒，要鞭打這個農民。他的大臣子犯說：「這是上天賜給您的禮物，意思是說您將擁有這塊土地，十二年後就會應驗了。」於是重耳拜了兩拜，把這個土塊恭恭敬敬地放到了車上。

東漢偉大的思想家、無神論者王充（二七—約七九），以「疾虛妄」、「歸實誠」，講效驗而聞名。他竭力反對鬼神迷信，但對這類物占之術卻深信不疑。其《論衡・遭虎》篇說：「古今凶驗，非唯虎也。野物皆然。楚王英宮樓未成，鹿走上階，其後果薨。魯昭公且出，鴝鵒來巢，其後季氏逐昭公，昭公奔齊，遂死不還。賈誼為長沙王傅，鵩鳥集合，發書占之，曰：『主人將去』。其後遷為梁王傅。懷王好騎，墜馬而薨；賈誼傷之，亦病而死。昌邑王時，夷鴣鳥集宮殿下，王射殺之。以問朗中令龔遂。龔遂對曰：『夷鴣野鳥，入宮，亡之應也。』其後昌邑王竟亡。……夫吉凶同占，遷免一驗。俱象空亡，精氣消去也。故人且亡也，野鳥入宅；城且空也，草蟲入邑。等類眾多，行事比肩。略舉較著，以定實驗也。」

此類雜占，上古時代還有很多，諸如形法相占、童謠讖語、風角、射覆等等。後來卜筮產生以後，就星占雜占與蓍占龜卜同時相互參用，以定吉凶。所以

《尚書・太誓》有所謂「朕夢協朕卜，襲於休祥」；《左傳》有所謂「筮襲於夢，武王所用」的說法。

## 龜卜與占筮

隨著原始巫術的不斷發展和人們思想意識、認識水平的提高，物占相對集中，人為的因素更多地參與了天啟的數術，人們向神靈卜問吉凶禍福，逐漸轉移到龜骨和蓍草兩種器物上來，並發展為一套相對穩定的方法。

《論衡・卜筮》說：「子路問孔子曰：『豬肩羊膊，可以得兆；雚葦蒿芼，可以得數；何必以蓍龜？』孔子曰：『不然，蓋取其名也。夫蓍之為言耆也，龜之為言舊也。明狐疑之事，當問耆舊也。』」《白虎通》也有類似的話語。蓍是多年生草本植物，龜的年壽很長。人們有不明白的事，常問有經驗的老者，所以在物占方面，蓍龜取得了更神秘的意義，逐漸形成占問吉凶的兩種主要方法——龜卜與蓍占。兩者相較，以龜卜為更早。

西漢史學家司馬遷（約前一四五—？）《史記・太史公自序》說：「三王不同龜，四夷各異卜。」大約在夏初或更早一些，占卜就產生了。在龍山文化遺址，發現有十六塊卜骨，可見當時已經有人從事占卜活動了。龜卜是將龜腹骨和獸骨鑽孔，放在火上烤，周圍便出現裂紋。「卜」這個字就是模仿裂紋形狀的文字。這種龜裂稱為「卜兆」。卜者依據卜兆形狀斷定人事的吉凶。這種方法到了殷代十分流行。殷墟出土的大量甲骨文，就證明殷人非常迷信龜卜。周人也是迷信龜卜的。《尚書．洪範》曰：「七，稽疑，擇建立卜筮人，乃命卜筮。……立時人作卜筮，三人占，則從二人之言。」《金縢》篇說：「乃卜三龜」。周人不僅講龜卜，而且講占筮，二者經常參互並用。《尚書》、《詩經》中有多處卜筮連言。在周人看來，二者相比，龜卜總比占筮靈驗。據《左傳》記載，晉獻公欲以驪姬為夫人，卜之不吉，筮之吉。怎麼辦呢？卜官提出一個標準：「筮短龜長，不如從長。」（僖公四年）《周禮．春官》說：「凡國之大事，先筮而後卜。」這證明，占筮是一種新的形式，被看作是對龜卜的補充。

據近人研究，占筮源於龜卜。《周易》卦畫自下而上與後來成為通例的甲骨刻辭的順序相一致，而六段爻辭與卜句契辭六句之數尤合。《周易》中斷定吉凶的辭句同甲骨卜辭相比，許多字也是相同的。如甲骨文中的「貞」字，乃卜問之意。《周易》中的「貞」字，也是此意。又如卜辭中有「吉」、「大吉」、「亡尤」、「利」、「不利」等，這同《周易》中的「吉」、「元吉」、「無咎」、「無尤」、「利有攸往」、「不利有攸往」等，也是一致的。卦爻辭中的「密雲不雨」、「田獲三狐」、「田有禽」、「田無禽」、「雖旬無咎」、「至於八月有凶」等文句，也幾乎與甲骨卜辭的詞句完全相同。這說明，《周易》六爻成卦和其中的占辭是脫胎於或模仿卜辭的。至於此種占筮的方法最早起於何時，近人有各種不同的說法，尚可進一步探討。

但在河南安陽殷墟出土的甲骨和陶文中，有許多成套的數字卦（六位卦）的符號，至少晚商時期已經有了筮卦的痕跡，或者可以稱為原始的筮法。這種痕跡，甚至還可以追溯到更早的新石器晚期。因為江蘇海安縣青墩淞澤文化遺址出土的文物中，有八塊骨角柶和鹿角枝上刻有單個的數字符號。張政烺先生認為，這是《易》卦發展的早期形態。

《周禮·春官》說：太卜「掌三易之法，一曰連山，二曰歸藏，三曰周易。其經卦皆八，其別皆六十有四」。《周禮》乃一理想化的政治藍圖。它說太卜掌管《連山》、《歸藏》、《周易》三種占筮方法，它們都有八個經卦，六十四個重卦。《連山》、《歸藏》二易是否確有其書，尚有待討論。但在《周易》之前，似乎有更古老的筮法，則是可能的。因為《左傳》、《國語》中所記載的，與現存《周易》中說的筮法不盡相同。可惜，這些古老的筮法都已經失傳了。關於《周易》揲蓍求卦的方法，《繫辭上傳》記載說：

大衍之數五十，其用四十有九。分而為二以象四，掛一以象三，揲之以四以象四時，歸奇於扐以象閏。五歲再閏，故再扐而後掛。……是故四營而成易，十有八變而成卦。

即是說，用四十九根蓍草，任意分成左右兩堆，此為「分二」；從其中一堆中取出一根放在一旁，此為「掛一」；然後每四根一組，分別數兩堆草棒，直到餘或一、或二、或三、或四，此即「揲四」；再將左右兩堆中的餘數放在一邊，此即「歸奇」。經過這樣四次經營，稱為一變，此即「四營而成易」。一變之後，除去掛一歸奇之數，將左右兩堆草棒混合起來，再按四營的程序數一遍，此為第二變。如法再數一遍，為第三變。三變的結果，掛一、歸奇之外的總數目有四種情況：三十六、三十二、二十八、二十四。以四相分，則得九、八、七、六。如為九、七，則畫陽爻之象⚊，並在旁記下九或七。九為老陽，七為少陽。若是八、六則畫陰爻之象⚋，並記下或八或六，八為少陰，六為老陰。這樣，便得出一卦中的一畫或一爻之象。共經過十八變，便得出六爻自下而上的形象，成為一卦，此即「十有八變而成卦」。

得出一卦之後，如何占斷所問之事的吉凶？《周易》經傳中均無具體說明。據後人的解釋，一般是依據可變的那一爻，即老陰或老陽之爻的爻辭來說明吉凶。原來的卦稱為「本卦」，新變成的卦稱為「變卦」或「之卦」。可是，占筮的結果，並不恰好每一卦都只是一爻變，可能有多種情況。

宋代朱熹（一一三〇—一二〇〇）在《易學啟蒙》中，依據《左傳》、《國語》提供的材料，整理出七條原則：

①六爻皆不變的，以本卦卦辭推斷。
②一爻變的，以本卦可變之爻的爻辭推斷。
③二爻變的，用本卦二變之爻辭推斷，以上爻為主。
④三爻變的，用本卦和之卦的卦辭占斷，以本卦為主。
⑤四爻變的，以之卦中二不變之爻辭占，下爻為主。

⑥五爻變的，以之卦中不變之爻的爻辭占。

⑦六爻皆變的，以之卦卦辭推斷；而乾、坤二卦則以「用九」或「用六」爻辭占斷。

以上所說，是否符合《周易》原意，已不可考；是否最初的筮法，亦難定論。朱熹所列體例，古人也未必完全遵循。不過有一點可以肯定，從殷人的龜卜到周人的占筮，是一個發展的過程，即從龜象到筮數的過程。占筮的特點，就是以蓍草數目的變化，求得卦象，從而推測吉凶。

同龜卜相比，占筮具有新的特點。鑽龜取象，其裂痕自然成文，完全出於偶然；而卦象是手數蓍草之數，按照一定的程序推衍而成，有法則可遵循。前者主要是出於自然，後者則完全靠人為的推算。龜象形成之後，便不可改易，卜者依其紋路，便可推斷吉凶；卦象形成之後，要經過對卦象的種種分析，甚至邏輯上的推論，方能引出吉凶的判斷，具有了較大的靈活性和思想性。

這說明，占筮這一形式的形成和發展，意味著人為的因素進一步增加了，天啟的因素則被排擠了，反映了人的智慧的巨大增長。這大概就是《繫辭上傳》所說的「人謀鬼謀，百姓與能」。由於重視人的思維能力，所以後來從《周易》中終於導出了哲學體系，而龜卜始終停留在迷信階段，逐漸被人們所拋棄。

## 卦象的起源

《周易》又稱《易》，即漢代經師所說的《易經》，其內容由卦象、卦辭和爻辭三部分組成。卦象即卦的圖象，由陽爻「⚊」和陰爻「⚋」兩種爻象，按每卦六畫排列組合而成，共六十四種卦象。卦中六畫的排列從下到上，用初、二、三、四、五、上表示序位，陽爻稱九，陰爻稱六，爻象共三百八十四。卦有卦名，如乾、坤、屯、蒙；爻有爻題，如初九、六二、上九之類。解說爻象的辭句稱為爻辭，分列卦辭之後。

如䷀卦象，其卦名為乾，卦辭為「元亨，利貞」。六畫皆陽爻，均稱九，下數第一畫為初爻，稱初九，其爻辭為「潛龍勿用」；其餘為九二、九三、九四、九五、上九諸位，各爻均系爻辭。卦辭共六十四條，爻辭三百八十四條，加上乾卦「用九」、坤卦「用六」，共四百五十條，總稱為筮辭。這些內容究竟是怎麼來的？古今有許多說法，我們將分別加以介紹。

卦象有兩類：一是三位卦；一是六位卦。即通常所說的八卦和六十四卦，

《周禮》稱為經卦和別卦。這種說法，意味著六位卦是由三位卦演變來的。傳統的說法，伏羲畫八卦，文王演為六十四卦。此說未必可信，但認為從八卦到六十四卦有一個發展的過程，卻很有啟發意義。六十四卦是長期發展的結果。後來，宋代邵雍（一〇一一—一〇七七）和朱熹提倡畫前有易說，認為八卦起於對數和理的領悟，六十四卦的形成是一個「一分為二」、「二分為四」、「四分為八」，以至於六十四的過程，即受此說的影響。邵、朱所論，很可能邏輯地再現了六十四卦發展的歷史過程。

關於八卦的起源，歷來影響較大的說法，還有伏羲觀象說和文字說。《繫辭上傳》認為，八卦是聖人仰觀天象，俯察地理，近取諸身，遠取諸物，模擬自然現象而創造的。漢代的《易緯》認為八卦來於上古時代的象形文字。如說乾卦的圖象是「天」字，坤☷是古「地」（巛）字，震☳是古「雷」字，艮☶是古「山」字，離☲是古「火」字，坎☵是古「水」字等等。宋代楊萬裡（一一二七—一二〇六）、明末黃宗炎等皆主此說。近代的古文字學家、歷史學家郭沫若（一八九三—一九七八）則加以變通，說「八卦是既成文字的誘導物」。其實，八卦只是一種符號，並非古代文字。

如果按照上一小節所說的《周易》筮法「十有八變而成卦」，那麼，六位卦則是通過揲蓍一次成型的，不需要重卦而成。

由此看來，商周時期可能存在著兩種截然不同的成卦方式，或兩大筮法類型，即「十有八變而成卦」型和「重卦」型。

八卦構成的基本因素是奇⚊偶⚋兩畫。章太炎（一八六九—一九三六）、錢玄同（一八八七—一九三九）和郭沫若提出生殖器說，認為奇偶兩畫分別象徵男根女陰，出於先民對男女生殖器的崇拜。此說乃弗洛伊德學說影響的產物。也有人提出結繩說，認為八卦來源於遠古時代的八索結繩記事，陰陽兩畫乃由繩的有結和無結的形狀演變而來。李鏡池、高亨（一九〇〇—一九八六）、馮友蘭則認為奇偶二爻與蓍草有關係。⚊是一節的蓍草形象，⚋為兩節的蓍草形象；或者說，一根蓍草其數為奇，其象為⚊；斷開後，其數為偶，其象為⚋。

其實，這些說法都是無從確證的揣測。但從占筮作為一種特殊的占卜形式的角度看，後一種說法似乎更為質樸，更為合理。

值得注意的是，近年來又提出了奇偶兩畫原於數字卦說。據張政烺先生考證，河南四盤磨、陝西長安張家村、岐山風鶵村、扶風齊家村等處，曾發現一些甲骨上刻著一些數目字，常是六個數目字一行，這就是筮卦。而周初青銅器銘文中亦有類似的數字卦，其中一與六（寫作一與∧）兩數出現的次數最多。這是由於為了避免二、三、四與「一」相混淆，而分別並入一和六所致。筮數一六已經帶有符號的性質，可以稱為筮數符號。陽爻⚊和陰爻⚋就是從筮數符號一六變來的。即是說，一變成陽爻⚊，∧拉直與陽爻區別而斷開，變成陰爻⚋。

此說雖然仍屬推測，但它具有相當的考古文獻上的根據，為我們探討卦爻畫的起源，開闢了新的途徑。由此可以想見，從筮數到爻象，是一個重大的變化過程，筮數的數值被抽象化了，只因其為奇為偶而作了為陽為陰的符號，而不論其數值的大小。陰陽爻畫的出現，是中國古人智慧的結晶，是其抽象思維能力極大提高的體現。但陰陽爻畫及其卦象最初只是為了占問吉凶所記的抽象符號，其中並不包含更多的意義。至於說它有這樣或那樣的涵義，那是後人附加的。

## 卦爻辭來於占筮記錄

《周易》的基本素材是卦象和卦爻辭。它出於何時，作者是誰？已無從稽考。《漢書・藝文志》提出「人更三聖，世歷三古」之說，認為伏羲氏畫八卦，周文王演為六十四卦，並作卦爻辭，而孔子作傳以解經。東漢經師又提出周公作爻辭說。到了宋代朱熹概括為「人更四聖」說。這些傳統的說法，陸續為後人所否定。「五四」運動以後，新史學興起，學術界普遍認為《周易》中的經文部分，非文王、周公所作，也非出自一時一人之手，乃陸續形成的作品。郭沫若在《周易的時代背景與精神生產》中說：「《易經》是古代卜筮底本。它的作者不是一人，作者時期也不必是一個時代。」著名學者聞一多（一八九九－一九四七）也說：「卦爻兩辭，本非出於一手，成於一時，全書卦爻異義之例，曷可勝數？」（《周易義證類纂》）關於《周易》經文形成的年代，近人雖有不同看法，但大多數認為，其基本素材是西周初期或前期的產物。因為卦爻辭中所提到的歷史事件和歷史人物，其下限沒有晚於西周初期的。

《周易》卦爻辭中，有許多重複，詞句雖同，卻繫於不同的卦爻之下。比如「泰卦」初九同「否卦」初六皆為「拔茅，茹以其匯」；「履卦」六三同「歸妹」卦初九皆為「眇能視，跛能履」；「小畜」卦辭和「小過」六五爻辭皆為「密雲不雨，自我西郊」等。這說明卦爻辭最初只是某卦某爻的筮辭，後來被編入《周易》。所謂筮辭，即判斷占問某事和吉凶的詞句，是占問某事時卜史的原始記錄。卜史占卜各種事情，一定有一爻數占的，因而會有數種不同的記錄。如《周易》卦爻辭中，有許多不相連屬的詞句，如果不分別解釋，很難理解。如「師卦」六五：「田有禽，利執言，無咎。長子帥師，弟子輿尸，貞凶」。「無咎」以上，當為某次的筮辭；「長子」以下，當為又一次的筮辭。「小畜」上九：「既雨既處，尚德載，婦貞厲。月幾望，君子征，凶」。「婦貞厲」之上與「月幾望」之下，當不是同時的筮辭。又如「坤卦」卦辭：「坤，元亨，利牝馬之貞。君子有攸往，先迷，後得主。利西南得朋，東北喪朋，安貞吉。」「屯卦」卦辭：「利貞。勿用有攸往，利建侯。」其意義不相連貫，很像是幾次記錄的合併。據此，有的學者推測，卦爻辭乃卜史的卜筮記錄。也就是說，《周易》六十四卦卦辭和三百八十四爻爻辭，皆來於占筮的記錄，即筮辭。

筮辭並非一時一人的創造，而是長期積累的結果。筮辭積累多了，需要整理，作為以後占筮時的參考依據。《周禮．春官》說：「占人……凡卜筮，既事，則繫幣以比其命。歲終，則計其占之中否。」這是說，掌管卜筮的人，在每次占卜之後，將所得的兆象和占斷的辭句記錄下來，連同禮神之幣，藏於府庫。到了年終，就將這些積累起來的筮辭匯集起來，加以統計、對比、整理，看其有多少條已經應驗。已經應驗的則篩選出來，作為以後占筮的依據或參考。

據此，《周易》中的卦爻辭，就其素材說，就是從大量的占筮記錄中挑選出來的。而編纂者們又對這些素材進行加工潤色和編輯整理，大概就形成了《周易》這部占筮之書。

照這種形成過程來看，《周易》卦爻辭同卦象之間並沒有邏輯的必然聯繫。因為卦爻辭原本是占筮的記錄，某種卦象，繫之以某種筮辭，是出於所占問之事。所占問之事是各種各樣的，筮得同一卦象，是揲蓍的結果，完全是偶然的。如果認為所占之事同其筮得的卦象存在著必然的聯繫，那是受了筮法的欺騙。這種認識根本無法說明卦爻辭的重複問題，也無法解釋其中的矛盾現象。歷來的易學家追求卦象與卦爻辭之間的必然聯繫，千方百計，企圖將此種聯繫解釋清楚，結果都不能自圓其說。現在仍有人篤信此論，並以此為聖人造《易》蘊涵的極深奧的道理，企圖從中悟到些什麼。我們可以肯定地說，這條路是走不通的。

## 卦名與爻題

《周易》本來只有六十四卦畫，而沒有六十四卦名。由於卦畫難畫，容易錯訛，而且不好稱謂，難以傳達思想，影響占卜的進行，就不能不另給它加一個文字的名目。有了名目，講說起來就方便多了。正如其它古書一樣，本來沒有篇章名目，為了便於稱謂，就在篇首給它一個名目。《周易》六十四卦，卦各有名，是後來加上去的。

張政烺先生在《試釋周初青銅器銘文中的易卦》中，列舉了甲骨金文中的三十二條考古材料，其中只有三條標有「曰魁」、「曰隗」、「曰其」字樣，其餘二十九條僅有數字符號，而無名稱。這是卦名後出的一個極好證明。

關於卦名的由來，高亨在《周易古經今註》卷首《古經通說》中，列舉易卦得名之義例七項，提出了取筮辭說。認為先有六十四卦的爻辭，後來從爻辭中取出一字或兩字，或取筮辭中所及的內容，作為該卦的卦名。比如「乾卦」，取九三爻辭中的「乾」字，「屯卦」取六二和九五爻辭中的「屯」字。最為明顯的，如「震卦」和「井卦」，卦辭和爻辭皆有「震」字或「井」字。「震卦」說：

震，亨。震來虩虩（ㄒㄧˋㄒㄧˋ）……震驚百里……

初九，震來虩虩……

六二，震來厲……
六三，震蘇蘇，震行，無眚。
九四，震遂泥……
六五，震往來厲……
上六，震索索……震不於其躬……

「井卦」說：

井，改邑不改井，無喪無得，往來井井……
初六，井泥不食。舊井無禽。
九二，井谷射鮒……
九三，井渫不食……
六四，井甃，無咎。
九五，井冽寒泉食。
上六，井收勿幕……

據此，他的結論是：六十四卦卦名，當皆為後人依筮辭所追題。此說可以參考，但也有不可通之處。例如乾卦爻辭，五爻有「龍」字，一爻有「乾」字，為什麼不名之為「龍」，而名之曰「乾」，這實在不可理解。

卦象同卦爻辭沒有必然聯繫，卦名同卦爻辭的內容即所占問的事情，卻是有聯繫的。據聞一多的考證，「乾卦」中所說的龍象乃龍星，其出沒標誌著四時季節的變化。「乾」字本為「斡」，即北斗星的別名。北斗在天象中為主要的星，天隨斗轉，北辰為眾星所拱向，故以北斗代表天，其名為「斡」，斡即乾之本字，因卦爻辭中有乾無斡，遂誤作乾。按照此說，此卦當初是占問節氣的變化，筮得䷀象，後取名為「乾」。據「坤卦」卦辭所講，是占問失馬的事，當初得䷁象，認為牝馬馴良可以找到，後來取名為「坤」，坤有順義。又如「震卦」，當初所問是關於打雷的事，後來取名為「震」。「履卦」當初所問的是關於打獵的事，後來取名為「履」。「家人卦」當初是問有關家庭的問題，後來取名為「家人」。這些解釋，比較符合《周易》本為占筮而設的性質，說明卦名的由來並無深奧的意義。

至於傳統的取象和卦德說，即以某種物象之名名卦，如乾取象於天，坤取象於地，雲雷為屯，天地交為泰；或認為卦象代表事物之理，取其義理為一卦之名，如乾卦純陽，主剛健，故取名為乾。皆追求卦名同卦象之間的必然聯繫，賦予卦象更多的含義，則是春秋戰國時人的附會，體現了後人的理論思維，並非《周易》所本有。總之，卦名的由來是一個十分複雜的問題，一時尚難有更好的解決。

《周易》六十四卦，每卦六爻之初九或初六、九二或六二以至上九或上六等爻題，初始之時大概也是沒有的。可能到了晚周時期，為了方便起見，人們才加上去的。《左傳》、《國語》凡記載占筮之事，都講遇某卦之某卦，或在某卦之某卦，而不講遇（在）某卦某爻。如《左傳》昭公二十九年：「《周易》有之，在乾䷀之姤䷫，曰：『潛龍勿用』。其同人䷌曰：『見龍在田』；其大有䷍曰：『飛龍在天』……」按所引「潛龍勿用」，乃「乾卦」初九爻辭，而不云「在『乾』之初九」；「見龍在田」乃「乾」之九二爻辭，「飛龍在天」乃「乾」之九五爻辭，亦不云「其九二」、「其九五」。可見，當時並無爻題存在，爻題比卦名更為晚出。晚周人加以爻題，標明各爻位與性質，這是《周易》組織結構上的一大進步。

爻題以初、二、三、四、五、上標明每卦的爻位，這是很明白的事情。但為什麼又以「九」標明陽爻，以「六」標明陰爻，用來說明其性質呢？據近人推測，可能與筮法有關。揲蓍成卦以九和七為陽爻，八和六為陰爻。占斷之時，九、六變而七、八不變，而以變爻爻辭占。因此，然題以「九」、「六」標明其性質。

總起來說，卦名和爻題本非《周易》所固有，乃後人所加。這又一次說明，《周易》是經過多人整理而陸續形成的。

## 《周易》的編纂

從上述分析中，我們已經看到，《周易》是經過編纂而成的。編纂包括對筮辭的篩選、編排和文字加工。前面說過，卦爻辭源於筮辭。但它有很多格言式及詩歌諧韻式的句子，已經不同於卜辭類纂。變散文為整齊的韻語，一定經過了編纂者的藝術加工。

例如「明夷」卦初九爻辭說：「明夷於飛，垂其翼。君子於行，三日不食。」這同《詩經》中的「鴻雁於飛，肅肅其羽。之子於征，劬勞於野」（《小雅・鴻雁》）；「雄雉於飛，下上其音，展矣君子，實勞我心」（《邶風・雄雉》）等是同一類文風。又如「震卦」卦辭「震來虩虩，笑言啞啞。震驚百里，不喪匕鬯」，「艮卦」卦辭「艮其背，不獲其身。行其庭，不見其人」等等，完全是《詩經》中詩歌的格式，也可以說就是一首首詩歌。至於「中孚」卦九二爻辭：「鳴鶴在陰，其子和之。」簡直就和《詩經》中的詩歌如「鶴鳴於九皋，聲聞於天。」（《小雅・鶴鳴》），沒有區別了。

所以李鏡池稱之為「《周易》中的比興詩歌」。這些詞句，顯然不是筮辭原來的樣式，而是經過文學家的修飾，便於背誦。

卦爻辭的材料來源是舊有的，而且有不少是相當早的，但卦爻辭的編排組織，有些地方相當整齊。有的採用對比相襯式，如「乾卦」和「大過」卦爻辭，初與上，二與五、三與四兩兩相對，頗像六朝的駢體文。有的採用逐步階升式，如「艮卦」和「漸卦」爻辭。這說明卦爻辭的編纂，已經不是簡單的資料彙集，而是出於編者的匠心編著；有些地方不僅是有意的編排，而且對事物現象進行了分析研究，作出了判斷，把事實變成了初步的理性原則，體現了一個中心觀念，具有一定的思想性。

例如「乾卦」各爻爻辭，從初九「潛龍勿用」。經過九二「見龍在田」，到九五「飛龍在天」，以至用九「群龍無首」，體現了「龍」的運動和變化。又如「艮卦」各爻爻辭，從初六「艮其趾」到上九「敦艮吉」，都是講注視人的身體的各個部分，從腳趾、腿肚（「腓」）、腰（「限」）、腹（「身」）、面頰（「輔」）到額頭（「敦」，假借為顛或耑），都照顧到了。這種安排，當然是出於編著者的有意造作。

這樣有意識的編排，又見於「艮」後的「漸卦」，從初九「鴻漸於干」，經過「鴻漸於磐」、「漸於陸」、「漸於木」、「漸於陵」到上九「漸於陸」（當作阿，即大陵），體現了鴻雁由河岸到高陵，步步升高的過程。真可謂煞費苦心。此外，如「剝卦」、「復卦」、「明夷卦」、「兌卦」、「觀卦」、「井卦」、「坎卦」、「震卦」等，各爻辭間也存在一定的聯繫，都體現了某種觀念。

更有意味的是「臨卦」，「臨」是臨事，即處理事情。其爻辭說：

初九，咸臨，貞吉。

九二，咸臨，吉，無不利。

六三，甘臨，無攸利，既憂之，無咎。

六四，至臨，無咎。

六五，知臨，大君之宜，吉。

上六，敦臨，吉，無咎。

這分別是說，大家合力而為，沒有做不成的事；平心靜氣，不急不躁①，自然會把事情辦好；高高興興、心甘情願去做，而又小心謹慎，就能獲得成功；做事善始善終，就不會功敗垂成；開動腦筋，發揮聰明才智，理政治民也會做得很好；腳踏實地，實幹苦幹，事情就辦得非常順利。這裡講的是做事的思想方法和工作態度，具有重要的指導意義。《周易》的編著者從社會實踐中總結出這樣的行為方式，不能不使我們驚嘆古人的聰敏與智慧。

就其編纂說，確有一定的思想性和藝術性。但是，就《周易》全書的情況看，大部分內容仍然屬於筮辭的堆砌，多數卦的卦爻辭之間缺乏甚至沒有邏輯的聯繫。總的說來，這部典籍的形成是出於占筮的需要，不是用來表述某種理論體系的，也不是《詩經》一類的文學作品，而是一部占筮用的迷信之書。

所以著名易學家和思想家朱熹斷言：「《易》本為卜筮而作」，「《易》本卜筮之書」（《朱子語類》卷六十六）。認為《周易》包含著深刻的義蘊，天地人無所不備，並從中說出一番道理，那是後來易學家的事情，而不是《周易》的本來面貌。

關於《周易》的編纂，還有一個問題值得討論，即六十四的排列順序——卦序問題。通行本排列的順序是乾卦為首，坤卦次之，上經終於坎、離，下經始於咸、恆，終於既濟、未濟。對此，古今也有許多說法。較早的是《序卦傳》認為從乾卦到未濟卦乃一因果系列，後卦依賴於前卦，或相因，或相反，主要取卦名的義理說明前卦與後卦的因果聯繫。

如乾卦代表天，坤卦代表地，天地相交則萬物生，所以乾坤兩卦居六十四卦之首。其次為屯卦，屯有萬物始生之義，故居於坤卦之後。其次為蒙卦，因為蒙表示萬物生後尚處於幼稚狀態，如此等等。

---

①「咸」借為「誠」，誠者和也。

唐代孔穎達（五七四—六四八）作《周易正義》，提出「非覆即變」說，認為六十四卦的排列是「二二相偶」，即每兩卦為一對，互相配合；其配合的形式，一是覆，即卦象顛倒，如屯䷂蒙䷃，需䷄訟䷅等；一是變，即卦象六爻皆相反，陽變為陰，陰變為陽，如乾䷀坤䷁，坎䷜離䷝，既濟䷾未濟䷿等。前者後來稱為綜卦，後者又被稱為錯卦。以上兩說，影響很大，孔說比較符合《周易》的實際情況。為什麼如此排列？近人有一種說法，認為便於記憶或背誦。此說比較樸實，符合占筮的需要。

最後，談談書名的問題。《周易》本名《易》，大約在春秋時期，就已被稱為《周易》。《左傳》莊公二十二年：「周史有以《周易》見陳侯者」，就用《周易》進行占筮了。「易」字，一說為「簡易」之義；另一說為「變易」之義，意思是說，以揲蓍數目的變化，推求所問之事的變化，借以釋疑；亦有人認為，「易」本為卜筮之官的名稱，後來把他們卜筮依據的書也稱為「易」，官名轉成了書名。

「易」前加以「周」字，一說「周」為周代，指周代人的筮法；一說義取周普，指周遍之易，即探討普遍的變易法則。亦有人認為，「周」為周而復始、循環往復之義。歷來見仁見智，眾說紛紜，仍似「周代人的占筮之書」更為淺近，比較符合《周易》的性質。

## 《周易》中所反映的世界觀

《周易》是出於占筮的需要而編纂的。既然是編纂的產物，有些又出於編者的精心組織、編排、加工，那麼，就必然反映編者一定的思想意識、人生態度以及對周圍世界的總看法，一句話，反映了編者的世界觀。

就卦序來說，其中隱藏著一種邏輯思維，即對立面的排列和組合。六十四卦的排列，是以三十二對卦象「二二相偶」，成為對立的卦象相互配合的系列。這種思維是承認卦象存在著對立面，並由對立面所構成，其變化表現在其中的基本要素⚊與⚋兩畫的配合上。《周易》稱此兩畫為九、六，後來被稱為奇偶、陰陽或剛柔。這種思維是人類智慧發展的產物，對後來易學的發展影響很大。歷代易學家以對立面的相互關係，即陰陽變易學說，說明一切事物及其發展變化，其思想的最初萌芽即存在於卦象和卦序的編排之中。

就卦爻辭的內容說，反映了當時的社會生活和意識形態。崇拜天神和人鬼的宗教迷信觀念是這部典籍的主導思想。但同殷商時代的卜辭相比，其中反映的世界觀又有自己的特點，主要表現在三個方面：

第一，認為天道和人事具有一致性。所謂天道，指自然現象的變化過程。卦爻辭中有些文句，以自然現象的變化，比擬人事的變化。如前面所講的「明夷」卦和「中孚」卦的比興詩歌，飛鳥垂翼、雙鶴和鳴屬於自然現象，後面的君子忍饑挨餓和與人共飲則屬於人事的活動。又如「乾卦」爻辭中說的龍象，亦屬於自然現象；其初九為「潛龍勿用」，九二為「見龍在田，利見大人」，九五為「飛龍在天，利見大人」，意味著龍星由潛伏到高懸，同人的政治生涯從不被任用到飛黃騰達是一致的。又如「大過」卦九二爻辭說：「枯楊生華，老夫娶了個美嬌妻，實無不利」；九五爻辭說：「枯楊生華，老婦嫁了個少壯娃，無咎無譽」。這是說，枯楊生秀開花，同老夫老婦新婚一樣，具有更生之義。又如「離卦」九三爻辭說：「日掛西山口，休要鼓缶展歌喉。若不依此行，垂老之人嘆凶咎。」此是說，人老如同太陽將沒，不應任意尋歡作樂。這些比喻，都是將自然現象同人類生活聯繫起來進行考察，或者借自然現象的變化說明人事活動的規則。所以《四庫全書總目提要》評論說：「易之為書，推天道以明人事者也。」

第二，認為人的生活遭遇可以轉化。《周易》卦爻辭講到許多對立的事物。就卦名說，有乾坤、泰否、損益、既濟未濟等。就社會地位說，有君主、大人、小人、夫婦、丈夫、小子等。就生活遭遇說，有吉凶、得失、利不利等。但是，《周易》認為有些事情，特別是人的生活遭遇，不是固定不變的，其對立面是可以轉化的。如「乾卦」九五爻辭為「飛龍在天」，上九爻辭則為「亢龍有悔」。這是以「乾卦」第五爻為龍飛的極限，認為超過此極限，至第六爻則要走下坡路，即向其反面轉化。「亢龍有悔」，有物極則反之義。因為吉凶、得失是可以轉化的，所以通過人為的努力可以改變自己的處境。如「乾卦」九二爻辭說，終日小心警惕，雖處於危難之中，也可以無咎。又如「比卦」，卦雖吉利，如果不安於將來，吉就要轉化為凶。這種吉凶、得失相互轉化的觀點，在卜辭中是沒有的。而卦爻辭在判斷吉凶時，增加了人為的因素，認為通過人為的努力可以轉危為安，化凶為吉。這也體現了人的智慧的覺醒。

第三，認為人類的吉凶，對人有勸戒之意。《周易》的卦爻辭，有些不僅示人以吉凶，同時又與人以道德教訓，令人的行為按某種規範而行動。例如「謙卦」初九爻辭，認為君子有謙卑的品德，過大川可以平安無事。「恆卦」六五爻辭，認為婦人德行有恆，遇事則吉；男人固守一德，不能因事制宜，當機立斷，遇事則凶。「師卦」初六爻辭則說，行軍作戰要靠紀律，紀律不好必凶多吉少。這說明，吉凶之事是同人的品德聯繫在一起的。

以上三點，應該說是《周易》編者的觀點，同西周的意識形態是一致的。它在《周易》中並未形成思想體系，亦無理論上的論述。所以，《周易》仍然是占筮用的迷信之書。但對後來易學的發展，起了深刻的影響。《周易》被認為是講天人之道，即世界根本原理的學問，被認為是講事物變易法則的學問，被視為是講人生修養的典籍，都是從這三點推衍出來的。

然而，應該指出，《周易》一經編纂成書，成為占筮的依據，人們對卦爻象和卦爻辭引申發揮，作出這樣或那樣的解釋，其本來的具體含義也就逐漸被拋到腦後了，可以把它看作許多事物的象徵。於是，《周易》也就變成了一個無所不包的空套子，一部宇宙代數學，任何事物都可以套進去。後來的占筮家們便用它推測天下的萬變萬事，易學家們則借它來講述自己的一番道理，從而形成了一條奔流不息的智慧之河。

# 第二章 從《易經》到《易傳》

《周易》這部古老的典籍，其形成出於占筮的迷信，後來，作為一種推測人事吉凶和命運的方術，在封建時代一直很流行，成為封建迷信的一部分。這種迷信被稱為占術。

占術同其他類型的迷信相比，具有自己的特點。它是依據卦爻象的變化推斷人的命運，其中含有某種邏輯推衍和理智分析的因素，並非靠祈禱或單憑神靈的啟示。隨著人們理性的覺醒，春秋時期，各諸侯國的史官利用《周易》進行占筮，將這種因素加以發展，甚至有人對《周易》和占筮的性質作了新的理解，視《周易》為指導人們的生活，規範人的言行以及觀察和分析問題的指南，解《易》出現了新傾向。

進入戰國時代，隨著哲學流派的形成和百家爭鳴的開展，許多學派對《周易》進行了這樣和那樣的解釋，終於發展成為一種哲學世界觀，從而使《周易》

這部用於迷信的占筮之書變成了哲學書。

## 占斷遇到的困難

《周易》作為占筮的依據，在春秋時期已很流行，《左傳》、《國語》中就有二十多條記載。《左傳》莊公二十二年（公元前六七二年），陳厲公生了兒子陳敬仲。在他很小的時候，父親就請周史用《周易》為他占了一卦，遇觀䷓之否䷋。周史解釋說：「此爻說『觀國之光，利用賓於王』，這是復興陳國的徵兆。但是不在陳國，而是在別國；也不是陳敬仲本人，而是他的後代。」後來他的子孫果然在齊國獨攬大權，並逐步篡奪了政權，做了齊國的君主。又僖公二十五年（公元前六三五年）記載，晉文公欲勤王稱霸，準備起兵，讓卜偃算了一卦。卜偃解釋說：「太好了，遇『公用享於天子』之卦，戰必勝，而且會受到周王的宴請，真是大吉大利。」後來也應驗了。「觀國之光，利用賓於王」，是「觀卦」六四爻辭；「公用享於天子」，乃「大有」卦九三爻辭。

至於占卜都應驗了，是否出於編史者後來的附會，我們不必去管它，但這兩個爻辭好像都是對所占問之事恰如其分的回答，卻是可以肯定的。

然而，占卜並不都是如此順利。占筮也會遇到困難。其困難並不在於形式。占筮的儀法雖然很煩瑣，只要按照其法式認真去做，就能做好。占筮的困難就在於得卦之後的占斷。例如，有的為了婚姻問題占卦，而得到的卻是「訟卦」；或者為國家之事占卦，而得到的卻是「家人」卦；或者同樣的一件事，遇到了不同的卦；或者截然相反的兩件事遇到了同一卦，如此等等。類似落空和矛盾的情形是很多的。因此，占斷主要取決於占師如何進行解釋。

《左傳》昭公七年（公元前五三五年）記載了衛國以《周易》占卜確定國君人選的事例。衛襄公死了之後，正夫人姜氏無子，只有妾生的孟縶是襄公的兒子，腿腳卻不俐落。衛國大夫孔成子和史官史朝不期而同地做了一個夢，夢中衛國始祖康叔命令立元為國君。不久，孟縶的弟弟出生，取名為元。

孔成子決定用《周易》進行占卜，並祈禱說：「元尚享衛國，主其社稷。」結果筮得「屯卦」。他說：「如果我們立縶為國君，會是很好的。」並將筮得的屯卦給史朝看。史朝打開《周易》對孔成子說：「有元亨二字，還猶豫什麼！」孔成子質問說：「元是長的意思，不應該立長者孟縶嗎？」史朝卻說：「康叔以此幼子名之為元，可以說就是長者。孟縶有生理缺陷，將不列於宗祠，不可謂長。況且卦爻辭裡有『利建侯』，如果孟縶是理所當然的世嗣，何必還特意說『建』呢？既然講『建』，就不是嗣！請您立元為國君。」於是孔成子幫助元當上了衛國的國君，稱為衛靈公。

十分明顯，史朝的解釋是以「屯卦」中的「元亨」為「元當國君，必能亨通」。這是一種隨機應變的發揮。「元」在卦爻辭中本來是「大」的意思，而且衛國國君遺腹之子本來也沒有「元」的名字。正因為如此，孔成子才提出質疑：「元不是指長子而言嗎？」可是，為了一定的目的，為了解釋得圓滿可信，占斷卻需要像史朝那樣果斷地進行引申性的解釋。在把當前現實問題與所筮得的卦象聯繫在一起占斷時，並不是一件容易的事情。

《論衡•卜筮》說：「魯將伐越，筮之，得『鼎折足』，孔子弟子子貢（前五二〇—？）占之以為凶。何則？鼎而折足，行用足，故謂之凶。孔子（前五五一—前四七九）占之，以為吉，曰：『越人水居，行用舟，不用足，故謂之吉。』魯伐越果克之。」

《北堂書鈔》則由此演義出一個故事：孔子的門人子貢作為孔子的使者到外地去遊說，到了歸期，子貢仍然沒有回來。於是，孔子占了一卦，得鼎卦。以變爻九四占斷，其爻辭為「鼎折足」。孔子的門人們依據這個爻辭都說：「沒有足，看來子貢暫時回不來了。」只有顏回聽著這樣的議論而微笑。孔子問道：「顏回，你笑什麼呀？」顏回答道：「我想，他一定會回來的。即使沒有足，也會乘船回來。」顏回之所以說「乘船」，是因為「鼎卦」的下卦是巽卦，巽為木，所以顏回把巽比喻為船。也就是說，顏回不僅參考了爻辭，而且也注意了卦形的上下二體，從而進行了綜合的判斷。果然，不久子貢便回來了。

南北朝時代的北齊，有一位善於占筮的易者，名叫趙輔和。一天，一個為父親有病而非常痛苦的小伙子來找趙輔和。就請與趙同住一處的另一位易者占了一卦。占筮的結果，得泰卦䷊。易者說：「此卦大吉，你的父親很快就會好的。」的確，按照一般情況來說，泰卦為吉，而與之對立的否卦䷋為凶。其理由是：天（乾）要上升，地（坤）要下降。泰卦天地相交接，萬物亨通；否卦天地相分離，萬物阻塞。小伙子走了之後，趙輔和就對這位易者說：「泰卦乾下坤上，乾為父，坤為土，難道這不是父入土中的徵兆嗎？豈能言吉！」可見，占卦是相當靈活的。不久，便傳來了小伙子父親死亡的消息。

其實，中國古代五花八門的占術，大致都無例外地經由主觀隨意性的附會引申，對現實事件作出歪曲的、虛幻的解釋。宋代有位有名的測字先生叫謝石。一次宋高宗趙構（一一〇七—一一八七）微行出訪，混雜在眾人之中，請他相字。用手杖在地上寫了一畫，謝石大驚，又請再寫一字。高宗又舉手杖在地上寫了一個問字，因有土所梗，兩傍斜側飄飛。謝石更為驚異，說前字土上畫一橫，是王字，後字「問」飛兩傍，左右皆君字，一定是主上到了，於是下拜。高宗不讓他多言，要明天召見他。第二天在便殿召見，又寫一春字讓他相。謝石奏曰：秦頭太重，壓日無光。高宗默然不語，賞賜些寶物讓他出宮。後來秦檜聽說這事大怒，便尋隙把謝石發配到嶺南。這一去便沒能再回來。

明朝末年，崇禎皇帝朱由檢（一六一〇—一六四四）為農民起義而憂慮，一天夜晚派內臣化裝出宮，打探消息，遇到一位測字先生。內臣便說一個友字詢問，測字先生問占何事，內臣說占國事。測字者看著內臣，面有憂色，急說，小人不敢講。內臣說，直說無妨。測字者說，此字不佳，反賊早已出頭了。內臣忙又改口說，不是朋友之友，是有無之有。測字者說，這更不好！上面大字缺半邊，下面明字沒了日，大明江山已去了一半。內臣又改口說，是申酉之酉。測字者說，那就更糟了！天子為至尊，至尊已斬頭截腳，恐怕是皇帝不得壽終。後來，李自成攻入北京，崇禎縊死在煤山。這兩個故事未必史實，但古人為了達到某種目的，利用六書中的會意原則進行引申比附，隨意解釋，卻反映了古人在特殊環境中的機智，也十分明顯地揭示了中國古代占術的特色。

由以上實例可以看出，在卦畫確定之後，還有非常困難的工作。不僅要參考卦辭和爻辭進行一般性的解釋，而且要根據當時的實際情況，以往的知識，進行聯想、類比、推論或引申發揮，講出一套似是而非的道理。這就要求占卜者不僅要精通易理，而且要有聰明智慧、邏輯思維能力和豐富的社會生活經驗及廣博的知識。只有這樣，方能應變自如，做出令人信服的判斷。應該說，早在春秋時期，為了不斷地解決在占筮中的困難，人們就逐漸做到了這一點。

## 占筮的新傾向

從《左傳》、《國語》所提供的材料看，春秋時期解說《周易》的特點是，當時的史官從筮法的角度解釋其中的卦象和卦爻辭，用來說明所占之事的吉凶。但是，占斷的困難迫使人們不得不深入思考，賦予《周易》越來越多的本來沒有的含義，甚至對占筮的結果表示懷疑或乾脆置之不理。也有一些思想家，如孔子等對《周易》和占筮的性質作了新的理解。解易出現了新的傾向。《周易》不再只是神靈啟示的工具和推測吉凶的依據，也用來作為分析客觀事物的理論依據和人們行為的指導原則。

《左傳》襄公二十五年（公元前五四八）記載，齊國大夫棠公的妻子是東郭偃的姐姐，東郭偃是崔武子的家臣。棠公死了，崔武子去吊唁，見棠公妻子棠姜長得非常美麗，就勸陪同吊唁的東郭偃把姐姐嫁給他。東郭偃認為婚姻講究區別姓氏，你我兩家姓氏不合，不能婚配。崔武子就用《周易》占了一卦，遇「困之大過」，占筮的史官都說是吉。只有陳文子認為「不可娶」，並且援引「困卦」六三爻辭加以解釋：「『困於石』，往不濟也；『據於蒺藜』，所恃傷好；『入於其宮，不見其妻，凶』，無所歸也。」說明這是凶兆。但是，崔武子卻說：「嫠也何害！先夫當之矣。」就是說，一個寡婦女人，能有什麼危害！即使有什麼危害，他的先夫已經遭受了。於是就娶了棠姜。這裡，崔武子已經把卦爻辭所示的吉凶完全不放在眼裡了。

《左傳》襄公九年（公元前五六四年）記載了穆姜被貶東宮的事件：魯宣公的妻子、成公的母親穆姜，與大夫叔孫僑如私通，二人合謀，企圖廢掉成公，兼併孟孫氏與季孫氏，立奸夫僑如為國君。後來陰謀敗露，僑如逃往齊國，穆姜被貶到東宮，軟禁起來。開始遷往東宮的時候，穆姜占了一卦，遇「艮卦」，六爻皆變，成為「隨卦」。占筮者對她說這是艮之隨。隨，就是隨人出走。你必須趕快隨情夫逃走。這是根據卦名的含義和卦辭「隨，元亨利貞，無咎」，而得出的結論。穆姜卻回答說：「不，我不逃走。因為《周易》卦辭說了『隨』無咎，是因為它有元、亨、利、貞即仁、禮、義、固（堅操）四種德行。也只有具備這種德行的人，筮得這一卦才會無咎。像我這樣一個婦人，卻參與了叛亂，使國家不安寧，自己也遭受禍害，又不顧尊嚴與人私通，四種德行我一樣也沒有，這與『隨卦』所說的是毫不相干的，怎麼能無咎呢！我必定會死在這裡，是出不去的。」穆姜的這些解釋，賦予了卦辭以倫理道德的含義，認為人事的吉凶同人的道德品質是聯繫在一起的，品質不好，所占雖吉，也不能改變人的處境。這裡，筮得的神意已經不再起作用，而是人的道德行為決定著人的命運。所以，春秋時晉大夫韓簡評論晉惠公被俘之事說：先君敗德，靠筮數解決不了問題。史蘇之占不足為據。並引《詩經》的話說：「下民之孽，匪降自天。噂沓背憎，職竟由人。」（《左傳》僖公十五年）人類的吉凶罪過，完全是由自己造成的。

《左傳》昭公十二年（公元前五六一年）也記載了一件事。魯國季氏的家臣南蒯，因為季平子對他不夠禮貌，就想要從費邑背叛魯國，投奔齊國。事先占了一卦，遇坤之比，其爻辭為「黃裳元吉」。他自以為大吉，又以此去請教子服惠伯。他沒有敢說明要占筮什麼，只說想舉辦一件大事。惠伯見他吞吞吐吐，知道沒有好事，便對他說：「這要看占問什麼樣的事。如果是忠信之事，則可。不然，必敗。」因為照卦象來說，「比卦」是坎上坤下，坎險而坤順，此卦的德行為「外強內溫，忠也」。坎為水能和，坤為土能安，所以其德行又為「和以率貞，信也」。按爻辭的意義，黃是中之色，裳是下之飾，元是善之長。如果沒有忠、信、善三種美德，就不符合此卦的意義。而且「易不可以占險」，即只能占筮正大光明的好事，不能占筮陰險貪婪的壞事。如果缺乏德行，胡作非為，雖然占得大吉之卦，也會凶的。

此種解釋也是脫離了《周易》的本義，賦予卦象和卦爻辭以道德的含義，而且認為吉凶是同人的道德品質聯繫在一起的。

更進一步，有些思想家，如孔子，以為學易不在於占問吉凶禍福，而是可以使人改過從善，提高人的道德境界。這就是《論語・子路》中所說的「不占而已矣」，《述而》所說的「加我數年，五十以學易，可以無大過矣」。後來戰國後期思想家荀子（約前三一三—前二三八）講「善為易者不占」（《大略》），即對此說的繼承和發揮。在他們看來，《周易》乃指導行為的基本原則和規範。而游吉批評楚康王「不修其德政」，卻企圖稱霸於諸侯（《左傳》襄公二十八年）；作者評論「季氏出其君」而受到人民的支持，則是將《周易》當作古典文獻加以引用，作為行動或立論的根據。

總起來說，春秋時期人們對《周易》的解說，已經出現了許多新的傾向。他們從自己對世界的認識中，從自己的生活體驗中，給《周易》添加了不少新的內容。《周易》作為占筮工具的性質越來越被淡化，而開始走向了哲理化的道路。正是在這種傾向的基礎上，到了戰國時期，各家各派都對《周易》作出這樣或那樣的解說，闡發其中的哲理，終於發展成為《易傳》。

## 春秋時人解《易》的新原則

為了占筮的需要，將所占之事與卦爻辭聯繫起來，說出一番道理，推測人事的吉凶，春秋時人提出了一些解《易》的新原則。這主要有取象說、取義說、變卦說。

所謂取象，即以八卦象徵各種物象，再用八卦所象徵的物質說明重卦之象，以此解說一卦的卦辭和爻辭，論證所占之事的吉凶。例如前文所說陳厲公為他的兒子敬仲占卦，遇觀䷓之否䷋，周史解釋說：觀卦下卦為坤，象徵土，上卦為巽，象徵風。觀卦上卦巽變為否卦上卦乾，象徵天居於坤土之上，否卦二至四畫為艮卦象，象徵山。此為山上之材居於土上，又有天光照耀，乃樹木興盛之象，所以說「觀國之光，利用賓於王」。陳敬仲的後代必將復興陳國。

據《左傳》、《國語》記載，春秋時期以八卦象徵的物象大致有：

乾：天、王、君、父；

坤：土、馬、帛、母；

坎：水、川、夫、眾；

離：火、目、鳥、牛、公侯；

震：雷、車、足、男；

巽：風、女；

艮：山、庭、男；

兌：澤、旗；

等等。這樣，就可以把諸多的事物代入八卦或六十四卦之中，對卦爻辭作出靈活解釋，以應付所占之事的複雜情況。到了戰國時代，《易傳》把八卦所象徵的事物急劇膨脹起來，以至到漢代發展成為象數學派，京房、荀爽一班經師最喜歡擺弄這種玩藝兒，於是八卦取象又添了許多東西進去。取象的增多，不僅反映了人們認識世界的廣度在擴大，也反映了人們認識世界的深度在發展。他們對世界萬事萬物進行了初步的粗略分類，可以稱為早期的事物分類學。

這些象徵雖然擴大了《周易》卦爻辭的適應範圍，但還僅僅是一些外部形態的象徵，而以此象徵天地間的事事物物，總是有限的。當需要象徵的事物越來越繁多龐雜，就會給占筮者的記憶帶來困難；各種象徵之間亦會出現相互矛盾，給占斷造成困難，人們就不得不開動腦筋，尋找出路，於是又求助於事物某一方面的性質，以至於對種種事物的共同性質進行概括、抽象，因此，春秋人又提出了取義說。

所謂取義，是以卦名的意義或卦的德行說明重卦的卦象，以此解說卦爻辭，並推斷所占之事的吉凶。《左傳》、《國語》中此種記載並不多，但已明顯地有坤為順、坎為勞、震為動、兌為弱、屯為厚、豫為樂、比為入、隨為出等等。這樣，一部《周易》更具有了抽象的性質，也就更能體現宇宙代數學的功能了。所以，後來由此發展出了易學中的義理學派。

取象說和取義說的特點，是認為卦爻辭同卦爻象或卦爻辭同卦名、卦德存在著必然聯繫。然而，一卦之象和一卦的卦爻辭總是有限的。從占筮的需要說，不僅要依據卦辭，還要依據爻辭對所占之事進行推斷。但是一卦之爻的爻辭六條，其內容各不相同，有的其吉凶占語又相互矛盾，所以只能選取其中一條作為推斷的主要依據。

為了應付複雜的現實情況，春秋時人又提出了變卦說。所謂變卦，按《左傳》、《國語》所提供的材料和後人的解釋，筮得一卦之象稱為本卦，其中的九、六之數或老陽、老陰之象則變，老陰變為陽爻，老陽變為陰爻；七、八之數即少陽、少陰之象則不變。陰陽爻互變之後，便形成另一卦，被稱為「之卦」或「變卦」。這樣，又多了一卦的卦辭和爻辭，作為判斷所占之事的依據，便可以應付各種複雜情況了。

此說雖出於占筮時對《周易》卦爻辭的取捨，但提出了一個重要觀點：所占之事的吉凶取決於可變之爻，爻變乃《周易》筮法的中心。此說的提出，反映了當時人「變通」的觀念，也是其聰明智慧的體現，對後來易學中的陰陽變易學說產生了重要影響。

## 從占筮典籍到哲學著作

從《左傳》、《國語》提供的情況看，《周易》本來是用於占筮的迷信之書，可是後來隨著對它的解釋，隨著各哲學流派的出現和百家爭鳴的開展，終於打破了迷信的領域，占筮書成了哲學書。這種擺脫宗教巫術的束縛而向哲學發展的進程，早在春秋時期就開始了。前述子服惠伯提出「易不可以占險」，孔子提出學易「不占而已矣」，就是一種創新的思想。它說明，當時一些人已經開始擺脫宗教巫術的束縛，從理性的角度對《周易》這部占筮書進行批判和改造了。

既然有些人已經不把《周易》用於占筮，而作為分析客觀事物的理論依據，對《周易》從根本態度上有了變化，那麼，人們就可以不再像過去那樣迷信占卜的預兆，不再探測神的旨意，而把認識對象轉向客觀事物本身，分析事物之中真實存在的因果聯繫。只有沿著這條道路，人們才可能取得對事物客觀確實性的知識，並逐漸由對個別現象的認識上升到對普遍現象的哲學概括。

正是在這樣的情況下，出現了一種傾向，即以《周易》為講天道變化的法則，從自然界的變化和社會人事興衰的過程理解《周易》的卦象，視其為表示哲學思想的工具。

《左傳》昭公三十二年（公元前五一〇年）記載，魯國季氏驅逐其國君，而民眾歸服，諸侯擁護；魯君死在國外，而人民還咒罵他。作者評論說：

> 物生有兩，有三，有五，有陪貳。故天有三辰，地有五行，體有左右，各有妃耦。王有公，諸侯有卿，皆有貳也。天生季氏，以貳魯侯，為日久矣。民之服焉，不亦宜乎！魯君世從其失，季氏世修其勤，民忘君矣。雖死於外，其誰矜之？社稷無常奉，君臣無常位，自古亦然。故《詩》曰：「高岸為谷，深谷為陵。」三後之姓，於今為庶，主所知也。在《易》卦，雷乘乾曰大壯䷡，天之道也。

在作者看來，任何事物都存在著對立面，「物生有兩」，而對立面是互相轉化的。《周易》大壯卦象，震上乾下。按取象說，震為雷，為臣；乾為天，為君。雷本來在天之下，臣本來在君之下，現在「大壯」卦象雷居天上，表示臣居君上。這種對立面的相互轉化則是自然和社會的普遍規律，所以說是「天之道也」。從社會現象來說，「社稷無常奉，君臣無常位」，歷史上沒有永恆不變的君臣關係，夏商周三代君主的子孫，而今已變成百姓了。從自然現象來看，高岸可以變為深谷，深谷也可以變為山陵。因此「大壯」卦象就是對自然和社會現象變化規律的反映，蘊含著對立而相互轉化的哲學道理。

實際上「大壯」卦象並不具有這樣的意義。從天道和人事兩方面概括事物變化的法則，賦予其深刻的新內容，完全出於作者的解釋。由這種新的解釋，使其具有新的含義，於是「大壯」卦象就改變了性質，它不再是預示吉凶的徵兆，而變成表述哲學思想的工具了。

這樣，《周易》的性質在一點一滴地改變，哲學觀點也在一點一滴地積累。然而，僅僅對個別卦象或某些筮辭作出哲學解釋，並不能根本改變《周易》的性質。只是到了戰國時期，隨著人們理性的進一步覺醒和思想的解放，達到了較高的思維發展水平，才對《周易》的框架結構作出了全面的哲學解釋，從根本上改變了它的宗教巫術的性質。

西晉太康二年（二八二年），在汲縣襄王墓中，出土了一批戰國時代有關《周易》的書籍，其中有《陰陽說》，類似《易傳》的體裁，但又有不同。其顯著特點，是將《周易》同「陰陽」觀念聯繫起來，並以陰陽觀念解說《周易》的卦象和卦爻辭。《陰陽說》已經失傳，其詳細解說不得而知。但《莊子‧天下篇》說：「《易》以道陰陽」，以為《周易》思想的核心是講陰陽學說的。這似乎概括了戰國時期易說的特徵。

據《戰國策‧秦策》和《史記‧范睢蔡澤列傳》，皆記載了秦相范睢（？—前二五五）同蔡澤關於「及時引退」的對話，內容大同小異。其中引用了一段話：「日中則移，月滿則虧，物盛則衰，天地之常數也。進退盈縮，與時變化，聖人之常道也。」同《易傳》「豐卦」、《彖》文所說：「日中則昃，月盈則食，天地盈虛，與時消息，而況於人乎，況於鬼神乎！」文意基本一致，並以此說明「乾卦」上九爻辭「亢龍有悔」的道理。這正是以陰陽消息說解釋《周易》中的義理。

此種解《易》的學風，是同戰國時期道家和陰陽五行家學說的流行相適應的。道家和陰陽家皆倡導和闡發陰陽學說。其共同點，即以陰陽二氣的盛衰消長說明一年四季和萬物的變化過程。認為陽氣主生，陰氣主殺，陰陽有消長，萬物則有生死。此種觀點，為易學家所吸收，用來解釋《周易》和筮法中的變化法則。而《易傳》則把此種陰陽變易學說和《周易》的框架結構結合起來，用陰陽範疇解釋《周易》的原理，從中闡發了一套哲學體系，而揚棄了《周易》宗教巫術的內容。《周易》這部占筮的典籍終於成了一部講哲理的著作。

戰國時代，從哲學的高度解釋筮法和《周易》內容的，不僅有儒家，還有道家、陰陽家和法家中的人物。因而，也就出現了許許多多或大或小的易學家。他們以不同的觀點從不同的角度解說《周易》，形成了種種解《易》的著述。在學術大融合的氣氛之下，這些著作可能被陸續收集起來，經過選擇淘汰，整理綜合，形成了類似現在的《易傳》一類的書。而絕大多部分此種著述，恐怕都散失了。

## 智慧的錦囊：《易傳》

《易傳》是對《易經》的解釋。其主要部分是對《周易》經文即卦象和卦爻辭的解釋和對筮的論述，但這種解釋不是《易傳》作者憑空的臆想，而是戰國以來社會政治、文化思想發展的產物。其顯著特點，是企圖從哲學的高度加以概括，將古代的卜筮之書哲理化。儒家的倫理觀念，道家和陰陽五行家的天道觀，成了《易傳》解易的指導思想。《易傳》實際上是哲學著作，有自己的理論體系，成為戰國時期一大哲學思潮，奠定了古代易學及其哲學的理論基礎。

《易傳》中有許多道理深刻的格言和義蘊精湛的思想命題，包涵著豐富的智慧，完全稱得上一個智慧的錦囊。

## 《易》彌綸天地之道

《周易》究竟是一部什麼書？《易傳》從根本上突破了傳統的觀念，改變了對《周易》性質的認識，視其為「窮理盡性」，即講宇宙人生根本原理的書。《易傳》作者認為，聖人仰觀天象，俯察地理，模擬天地間的一切事物，創作八卦，寫成《周易》，就是為了「以通神明之德」，「以類萬物之情」，即為了探討關於事物的本性和世界運動變化規律的。這就對《周易》的框架結構作了全面的哲學解釋。既然這個框架結構是對客觀外界的一種模擬，那麼《周易》就與天地大致相當，包含有天地間的一切道理。所以《易傳》說：

> 《易》與天地準，故能彌綸天地之道。（《繫辭上傳》）
>
> 《易》之為書也，廣大悉備，有天道焉，有人道焉，有地道焉，兼三才而兩之，故六。六者非它也，三才之道也。（《繫辭下傳》）

這是說，《易》道廣大，無所不包，天道、地道、人道盡在其中。以其為「三才之道」，說明《周易》不是一般的著作，而是包容天地之道的典籍。對於此種看法，《說卦傳》傳又進一步作了發揮，其中說：

> 昔者聖人之作《易》也，將以順性命之理。是以立天之道曰陰與陽，立地之道曰柔與剛，立人之道曰仁與義。兼三才而兩之，故《易》六畫而成卦。

即是說，天道有陰陽，地道有柔剛，人道有仁義，天地人三才各有兩種相互對待的勢力，所以《周易》用上兩爻象徵天道，下兩爻象徵地道，中間兩爻象徵人道，即兼有陰陽、剛柔、仁義之理，畫六畫而成為一卦。而三才之道又來於性命之理，即萬事萬物的本性及其變化的規律。按照《說卦傳》的解釋，此性命之理，就筮法說，表現為奇偶二數，剛柔兩爻，陰陽兩卦；就天象說，表現為寒暑二氣；就地上萬物說，表現為剛柔二性；就人類生活說，表現為仁義二德。而《周易》皆總括包容於其中。從而認為聖人作《易》的最終目的是：「和順於道德而理於義，窮理盡性以至於命。」（《說卦傳》）

也就是說，聖人依據《周易》法則，遵循事物準則，確定事物的分位，窮盡事物之理和所稟之性，以至於生命的終極。這樣，《周易》又被看成是認識事物的本性及其變化規律，從而提高人的精神境界的學問。道家的自然主義和儒家的文化價值理想，宇宙意識和人文情懷巧妙地結合在一起了。

因此，南宋韓元吉撰《繫辭傳》認為，《周易》包含有四種聖人之道；卦爻辭是言論的依據，卦爻的變化是行動的指導，卦象是製造器物的藍本，占法是判斷吉凶指示前途的手段。所以君子有所作為，事先總要向《周易》請教，而《周易》則有問必答，告知將來努力的方向。照此說法，占卜吉凶只是《周易》的一種職能，而察言、觀變、製器則是其主要任務。也就是說，《周易》已不只是占筮用的典籍，而且成了聖人探討事物變化的方向，處理生活得失，進行道德修養，用來治理天下國家，教化百姓的指南。

總之，《周易》被認為是講宇宙人生根本原理的書。這種將《周易》全面哲理化的傾向，是同戰國時代哲學思維的發展、文化大融合的趨向相適應的。

## 有天地然後有萬物生

既然對《周易》的框架結構和《周易》的根本性質作了全面的哲學解釋，那麼，《易傳》就不能不進一步探討世界的本原問題。我們所生存的這個世界是怎麼來的？它又是如何存在的？《易傳》通過對筮法的解釋，對此作出了自己的回答，從而提出了一個宇宙形成的理論和世界圖式。

《序卦傳》以乾坤為天地，加以引申說：「有天地然後萬物生焉，盈天地之間者唯萬物。」存在於天地之間的只有各種各樣的物質實體，而這些物質實體又來自於天地。天地是萬物生成的總根源，又是人類社會和等級秩序的基礎。所以《序卦傳》又說：「有天地然後有萬物，有萬物然後有男女，有男女然後有夫婦，有夫婦然後有父子，有父子然後有君臣，有君臣然後有上下，有上下然後禮義有所錯。」天德剛健，使萬物始有；地德柔順，使萬物生長；萬物皆依賴於天地而存在和生長，天地是萬物的基礎。

為了探討萬物生成之理，《易傳》利用春秋時期的取象說，以乾坤兩卦象徵天地，震、巽、坎、離、艮、兌象徵雷、風、水、火、山、澤，又把乾坤比作父母，其它六卦是乾坤生出的子女。震、坎、艮是老大、老二、老三三個兒子；巽、離、兌是老大、老二、老三三個女兒。也就是說，雷、風、水、火、山、澤是天地父母出生的子女。

六個子女生出之後，又輔助天地化生萬物。例如，僅有天地，萬物還不能長大，還要「鼓之以雷霆，潤之以風雨」（《繫辭上傳》）。進而，《易傳》乾脆拋開八卦框架的限制，直接論述天地生化萬物的過程，把天地歸結為生成萬物的實體。這就是所謂：「天地交而萬物通也」（《彖辭上傳·泰卦》）；「天地不交而萬物不通也」（《彖辭上傳·否卦》）；「天地感而萬物化生」（《彖辭下傳·咸卦》）；「天地相遇，萬物咸章也」（《彖辭下傳·姤卦》）；「天地絪緼，萬物化醇；男女構精，萬物化生」（《繫辭下傳》）。這是十分明顯的天地本原論，而不承認有任何超自然的神靈所主宰。

天地究竟怎樣生成萬物呢？《易傳》除了講一些「精氣為物」、「二氣感應」之類的無關痛癢的話以外，並沒有作出更加具體的說明。

《易傳》也像陰陽五行家一樣，將八卦配於四方、四時，從空間和時間兩個方面立一世界圖式。照《說卦傳》的說法，震位於正東方，於時為春；一切生物都在春季生長出來。巽位於東南，於時為春夏之交。離為火，位於南方，於時為夏；一切生物都在夏季繁茂生長。坤位於西南方，長養萬物。兌位於正西方，於時為秋；一切生物皆在秋季因收成而喜悅。乾位於西北，這是一年陰盛陽衰的開始，陰陽相搏而戰。坎位於正北方，於時為冬；一切生物都在冬季藏伏起來，所以說「萬物之所歸也」。艮位於東北，於時為冬春之交；一年四季又要開始，所以說「萬物之所以成終而成始也」。

這個世界圖式，透過對《周易》框架的解釋，將萬物組織在一個時間、空間相配合的體系之中，並以此說明一年四季的變化和萬物生長衰落的過程，可以說是中國古代粗略的宇宙系統論，對漢代自然哲學的發展起了重要影響。

## 一陰一陽之謂道

《易傳》吸收道家和陰陽家的陰陽學說，以陰陽範疇解說《周易》的卦象、爻象和事物的根本性質，並概括出一條總原則，叫做「一陰一陽之謂道」，視其為自然界和人類社會的普遍規律。

《繫辭上傳》說：

> 一陰一陽之謂道。繼之者善也，成之者性也。仁者見之謂之仁，知者見之謂之知，百姓日用而不知，故君子之道鮮矣。

「一陰一陽」，就是又陰又陽，即有陽就有陰，有陰就有陽，陽可變為陰，陰可變為陽。陰陽兩個對立面相互聯結，相互推移，相互作用，又相互轉化，就是一切事物發展變化的規律，所以稱為「道」。天地之間，凡是繼承這一法則的，便是完善的；凡是具備一陰一陽的，就完成其本性。就是說，任何事物，包括卦爻象的變化，都是又陰又陽，這就是事物完善的本性。所以，要從陰陽兩個方面觀察事物的性質，不能有所偏廢。可是一般人總是看不到陰陽兩方面，或者看見仁而不見智，或者見智而不見仁，以自己所見的一面為道。而百姓只是於日常生活中運用此道，並不懂得這個道理，這樣，君子之道也就少了。

《易傳》以「一陰一陽」概括《周易》的基本原理，確實把整部《周易》全面地統率起來了。就卦畫說，奇偶二數、陰陽二爻乾坤兩卦都是一陰一陽。就六子卦說，震、坎、艮為陽卦，巽、離、兌為陰卦，相互對待，是一陰一陽。就六十四卦說，由三十二對卦象構成，也是一陰一陽。總之，離開陰陽的對待與配合，就沒有六十四卦，也就沒有《周易》。就卦爻的變化說，老陰老陽互變，本卦成為之卦，此是一陰一陽。一卦之爻象互變，則成為另一卦象，也是一陰一陽。在一卦之中，剛柔上下往來，也是一陰一陽。離開了陰陽變易，也就沒有《周易》的變易法則。所以《易傳》又概括說：「分陰分陽，迭用柔剛，故《易》六位而成章。」（《說卦傳》）

「一陰一陽」不僅說明了《周易》的原理，也概括了事物的性質及其變化的法則。乾坤作為陰陽的代表，是《周易》及其變化的門戶。乾坤兩卦或陰陽二爻相配合，成為八卦或六十四卦，又有其體制，並且體現了天地和日月的品性，此即「陰陽合德而剛柔有體，以體天地之撰，以通神明之德」（《繫辭下傳》）。

在《易傳》看來，一陰一陽這個總原則又是貫穿天道、地道和人道的總規律。天為陽，地為陰；日為陽，月為陰；暑為陽，寒為陰；晝為陽，夜為陰；剛為陽，柔為陰；健為陽，順為陰；顯為陽，幽為陰；進為陽，退為陰；伸為陽，屈為陰；貴為陽，賤為陰；男為陽，女為陰；君為陽，臣為陰；君子為陽，小人為陰。從自然現象到人類社會生活，都存在著相互對待的方面，此種對待的性質即稱之為「一陰一陽」。

《易傳》作者將具體事物的屬性抽象為表述對立性質的陰陽範疇，並把對立面的依存和轉化，概括為「一陰一陽」，看成是事物的本性及其變化的規律，主要是強調陰陽兩個方面互濟互補、和諧統一。當陰陽兩種勢力相互配置得當，諧調相濟，形成一種優化組合，就會出現和諧的局面，從而使事物得以亨通；相反，如果配置不當，陰陽失調，剛柔乖異，就會使和諧局面受到破壞，以致發生衝突，從而使事物阻塞不通而出現危機。因此，《周易》把「保合太和」作為最高的價值理想。

「保合太和」，就是使陰陽兩種勢力保持最佳的和諧狀態。自然界只有處於和諧的狀態，才能為人類提供一個合適的生存環境；社會只有處於和諧狀態，才能為人們的安定生活、社會的進步與發展提供一個必要的條件。

戰國時代有一個《將相和》的故事。趙國有個宰相叫藺相如，有個大將叫廉頗，二人一文一武，相得益彰。開始廉頗不服氣藺相國，後來被相如的深明大義所感動，負荊請罪，從此將相和諧，相資相濟，陰陽互補，使強秦不敢來犯，從而保證了趙國的安全。

就一個企業來說，既需要高瞻遠矚，富於想像，敢擔風險，具有開拓精神、開放意識的人才，也需要腳踏實地，埋頭苦幹，具有老黃牛精神的人物；既需要懂技術，善經營，能夠出謀劃策的管理者，也需要有專長，守紀律，肯於為企業賣力的普通職工；既需要搞產品開發的科技人員，也需要了解信息、善於交際的推銷人員。只有上上下下、裡裡外外和諧一致，團結一心，相互配合，取長補短，這個企業才能富有活力，興旺發達。

相反，如果經理不信任職員，管理者卡壓工人，工人怠工鬧事，相互視如寇仇，你爭我鬥，你搶我奪，摩擦四起，那麼，這個企業就只能不斷虧損、衰落，以至於破產，領導與被領導兩方兩敗俱傷。

《易傳》「一陰一陽之謂道」的精湛思想，越來越受到許多中外政治家、企業家的重視，就是這個道理。

## 剛柔相推而生變化

「一陰一陽之謂道」這一命題，其涵義之一，是指陰陽變易的法則。《易傳》對這一法則作了多方面的論述。它認為，世界上沒有永恆不變的東西，日月往來，寒暑相推，「日中則昃，月盈則食，天地盈虛，與時消息，而況於人乎，況於鬼神乎！」（《彖辭下傳‧豐卦》）而《周易》就是效法天地萬物的運動變化的，「爻也者，效天下之動者也」，「天地變化，聖人效之」，「是故《易》者，象也。象也者，像也」（《繫辭下傳》），即模擬、象徵宇宙事物變動的。

那麼，事物運動變化的原因何在呢？《易傳》認為，這完全是由於事物本身所具有的陰陽兩種勢力決定的。所謂：「剛柔相推，而生變化」（《繫辭上傳》），「剛柔相推，變在其中矣」（《繫辭下傳》）。剛柔也即陰陽，相推即相互推移、相互作用。剛柔二爻相互推移，進退消長，方有卦爻象的變動。這既是《周易》的法則，也是宇宙的普遍法則，即其所說：「六爻之動，三極之道也」（《繫辭上傳》），是天地人三才至極之道。這種觀點，是把對立面的相互作用看成變化的原因，乃中國古代內因論的先軀。它啟發人們，是否能促進事物的發展，取得事業的成功，要從事物本身尋找原因，而不能把客觀條件作為根本依據或推脫責任的借口，既不能怨天，更不能尤人。

《易傳》還認為，在剛柔推移的過程中，其對立面的相互作用，表現為相交、相攻、相取、相感、相推、相摩、相蕩等不同形式，用現代語言說，即相吸引和相排斥。就是說，對立面之間不僅相互對立，相互排斥，而且相互召感，相互資取，相互溝通，雖相反而相成。這種觀點，就其理論思維說，是承認對立面存在同一性。這就啟發人們，在處理對立事物的時候，要注意其異中之同，尋找不同中的共同點，以達到相成相濟、協和統一的目的。比如我國同美國之間，是兩種根本不同的社會制度的國家，意識形態也存在很大差異，但我們兩國之間對世界形勢和許多國際事物的看法，存在著共同點，在經濟和科學技術上好有很大的互補性。如果我們抓住這些有利因素，妥善處理兩國關係，就會為我國的改革開放和現代化建設，創造一個有利的外部環境，抓住機遇，儘快把我們的事業提升上去，從而對世界和平與進步作出應有的貢獻。一個國家如此，一個企業、一個單位乃至一個人，莫不如此。而盡人皆知的「西安事變」的和平解決，萬隆會議上和平共處原則的廣泛傳播，就是運用對立面相反相成的思想的典範。

## 物極則反說

在《易傳》看來，由剛柔相推所引起的事物盈虛消長的變化過程中，總是由於發展到極點，而向與其自身相反的方向轉化。站在地球上看月亮，月初始明於西方，只是一個小月芽，到月中之時達到滿月正圓，圓盈則虧缺，到月末又成為一個月芽。太陽早晨從東方升起，中午時懸掛於中天最高處，然後轉向西斜，逐漸下落，最後日落烏啼，黑夜降臨。日月的運行，達到極點就向其反面轉化。

嬰兒呱呱墜地，來到人間，不斷生長發育，由孩提到幼年，由幼年到青年，由青年到壯年，壯極則老，就逐漸轉化為老人，以到於死亡。一切生物大致都遵循著人所走的道路，經歷著由無到有，由生到壯，由壯轉化為死的過程。

中國封建社會經歷了一個個朝代的更替變遷，無一不是由初建而發展，由發展而鼎盛，由鼎盛而衰微，最後走向滅亡的。古典文學名著《紅樓夢》中的賈府，權位不可謂不顯，家業不可謂不大，可是，元妃省親達到極盛之後，便一步步走向下坡路。到元妃薨逝，接著就是黛玉歸天，探春遠嫁，查抄寧國府，賈母散餘財，鳳姐托村嫗，便樹倒猢猻散了。

總之，天地萬物，盈虛消息，發展到極端就要向其反面轉化。民間流傳的「樂極生悲」、「否極泰來」的諺語，說的就是這個道理。中國易學史上稱為「物極則反」。

《象辭傳》解釋乾卦六爻，就闡發了這一思想。在《象傳》看來，乾卦六爻從初爻到上爻，是一個向上發展的過程。就人的政治生涯說，初爻意味著隱居未仕；二爻意味著出來做官，其才德得以施展；三爻不斷努力，又不離正道；四爻繼續晉升，前途無量；五爻表示達到高貴的地位，大有作為；上爻表示發展到頂點，要走向其反面，所謂「亢龍有悔，盈不可久也」。孔穎達《周易正義》對此加以發揮，說：「上居天位，久而亢極，物極則反，故有悔也。」《周易正義》概括為「物極則反」，是符合《象》文本義的。

《文言傳》進一步解釋乾卦上九爻辭說：亢龍所以有悔，是只知晉升，不知隱退；知存而不知亡，知得而不知喪，滿足於現狀，不懂得有喪失的危險，缺乏警覺。聖人則不如此，兼知進退存亡兩方面，又能符合正道，所以不會走向反面。這也是以「物極則反」的思想解釋經文之義。

正因為認識了「物極則反」的法則，《易傳》作者通過對《周易》的解釋，從中引出了防止或警惕走向反面的經驗教訓，提出了「三不忘」的主張。《繫辭傳》說：

> 危者，安其位者也。亡者，保其存者也。亂者，有其治者也。是故君子安而不忘危，存而不忘亡，治而不忘亂，是以身安而國家可保也。

這是說，安於其位，則召來傾危；保持現狀，則召來滅亡，自持國家已經得到治理，結果卻召來禍亂。因此，要三不忘，即處於安、存、治的局面，不能忘記危、亡、亂的可能，永遠持有一種憂患意識，這才是身安家齊國治的保證。這種觀點，承認事物的對立面可以轉化，安可以轉化為危，存可以轉化為亡，治可以轉化為亂。並且認為此種轉化是有條件的，治轉化為亂，其條件是安於其治。認識到這一點，就可以在政治生活中防止走向反面。這就彌補了講轉化而不講轉化的條件的理論缺欠，在古代的智慧之學中，又增添了光彩的一頁。

## 趨時尚中

殷周之際，武王伐紂，奴隸倒戈，是一個充滿憂患的時代。戰國時期，諸侯爭霸，兵戈四起，社會變革的深度和廣度大大超過了殷周之際，人們所體驗到的憂患更為深重。在這樣的動蕩時代，人們的社會地位、貴賤等級秩序，隨時處於變動流轉之中。因此，人們不能不警惕自危。《易傳》認為，如果警惕自危，就能得到平安；相反，如果掉以輕心，將會遭到傾覆。

為了避免禍亂的傾危，保持福泰安寧，或阻止事物向壞的方面轉化，引導其向好的方面轉化，《易傳》研究了各種可能碰到的複雜情況，提出了一套應付環境的安身立命之道，首要的就是趨時尚中說。

《易傳》解釋筮法，以二五爻居上下卦之中位，一般情況下，中爻往往為吉，所以又以「中」或「中正」為事物的最佳狀態。如《象傳》解釋「需卦」說：「位乎天位，以正中也」；解釋「訟卦」說：「利見大人，尚中正也」；解釋「履卦」說：「剛中正，履帝位而不疚，光明也」。「中」就是不偏不倚，是將事物的各種矛盾處理得恰到好處，既不過分，又無不及，從而使事物處於最佳狀態。因此，《周易》要求人們「執中守正」。關於時《易傳》認為，六爻之吉凶因所處的條件而不同，因時而變，所以又把因時而行視為美德。如解釋「大有」卦說：「應天而時行，是以元亨」；釋「隨卦」說：「天下隨時，隨時之義大矣哉」；釋「損卦」說：「損剛益柔有時，損益盈虛，與時偕行」；釋「艮卦」說：「時止則止，時行則行，動靜不失其時，其道光明」。

《繫辭傳》加以概括，又提出了「趨時」的觀念。「時」是時機、時運、時勢；趨時，就是主動地適應時勢，及時抓住機遇。適時則吉，失時則凶。要想求得生存和事業的發展，必須「與時偕行」，隨時而進。不僅如此，《易傳》還將中與時聯繫起來，從而將「時中」即因時而行中道，作為人的行為準則。戰國思想家孟子（約前三七二—前二八九）也推崇「時中」說，認為「執中無權」，只守中道，不懂通權達變，即不能因時而行中道，其結果是固守一種格式，反而破壞了「道」。所以《中庸》也說：「君子而時中。」

趨時尚中，隨時而行中道，就是要求人們無論辦什麼事情，都要把握時機，相機而行，將事物的各個方面都處理得恰如其分。時機未到，要「待時」；魯莽行事，欲速則不達。時機已到，要「與時偕行」；喪失機遇，則會貽恨終生。時機轉變，要「變通趨時」，不能固守一隅，坐以待斃。只有審時度勢，隨時應變，當機立斷，同時又把握一定的度，既不超越，又不不及，恰到好處，才能獲得較大成功。

## 屈以求伸

在社會生活中，人們常常會遇到不利情況，或身處逆境。《易傳》研究了這種情況，提出了所應當採取的對策，這就是「屈以求伸」。

《繫辭下傳》說：「往者屈也，來者信也，屈信相感而利生焉。尺蠖之屈，以求信也。龍蛇之蟄，以存身也。」就是說，處於逆境之時，應改變策略，易攻為守，韜光養晦，等待時機，以圖再起。正如屈伸蟲，行則屈腰，是為了向前伸展；龍蛇潛藏，是為了進一步行動。這也是其趨時說的具體應用。

中國歷史上「臥薪嘗膽」的故事，就十分鮮明地表現了「屈以求伸」的道理。春秋末年，吳國任用伍子胥（？—前四八四）和軍事家孫武，國力日漸強大，便想稱霸一方。於是乘越國國君允常病死之機，發兵攻越。允常之子勾踐奮力抗敵，重創吳兵，吳王闔閭受傷而死。兩年之後，為報殺父之仇，吳王夫差

（？—前四七三）派伍子胥攻打越國。越王勾踐（？—前四六五）不聽大夫范蠡勸告，出兵迎戰，結果大敗。為了保存實力，勾踐採取謀臣文種的計策，親自到吳國做人質，住石屋，看馬房，拉馬提韁，小心伺候著吳王。三年之後，返回越國，又臥薪嘗膽，整飭國紀，操練兵馬，撫恤百姓，發展生產，積累實力，以待時機。二十年後，終於大敗吳國，吳王夫差自殺。

《彖辭傳》經由對「明夷」卦的解釋，也對身處逆境的情況作了說明。其中說：「明入地中，明夷。內文明而外柔順，以蒙大難，文王以之。明夷卦上坤下離，離為日為明，坤為地為柔，有「明入地中」之象。這是說，日沒入地中，光明泯滅，天下一片黑暗，殷紂王的時代就是這個黑暗的時代。當時周文王被囚禁於羑裡，遭蒙大難，但文王內保文明之德，外用柔順之道，終於應付了這個艱難困苦的處境，度過了難關。昏君當道，賢臣遭殃，箕子被紂王貶為奴隸，又囚於牢獄，為了避免傷害，他披髮佯狂，裝瘋賣傻，隱晦自己的賢明，內心雖然痛苦萬分，卻保持了自己剛直不阿的意志和堅貞不屈的節操。後來武王滅紂，訪問箕子，箕子獻上了他的《洪範九疇》。《易傳》認為，在不利的情況下，只有以柔順的方式堅持正道，才能化險為夷，屈才能求伸。

相反，如果在有利的情況下，君子就更要自覺地在發揚自己的明德，謙虛謹慎，不驕不躁，發揮聰明才智，應變隨時。

## 變通說

根據「物極則反」的法則，為了趨吉避凶，使事物能夠順利發展，《易傳》作者認為，最重要的是變通。《繫辭傳》說：「易窮則變，變則通，通則久」。「窮」即事物發展到極點；發展到極點就要變。「變」即轉化，改變現狀，有革故創新之義。「化而裁之謂之變，推而行之謂之通」（《繫辭上傳》）。

所謂「化而裁之」，就是說，順著自然變化的趨勢加以人為的裁節和推動；這就是「變革」的意思。經過變革，事物才能更好地發展，這就叫做「通」。事物通達順暢了，又可以維持一段長久的時間，所以說「通則久」。這個「久」也不是永遠的，在不久的時間內，它還要達到「窮」的階段。這就叫「往來」、「屈伸」。這種往來屈伸也是無窮的；惟其無窮，所以世界無盡。因此，《繫辭傳》又提出：「日新之謂盛德，生生之謂易。」不斷更新，日日不同，這才是最大的德行；生而又生，不斷創造，這才是變易。

「窮極則變」說是以對立面轉化的思想為基礎的，成為中國古代辯證思維的一個重要命題，對後來提倡變法革新的人，起了很大影響。

北宋政治家王安石（一〇二一—一〇八六）變法，強調「變通以趨時」，提出「新故相除」的觀點，作為其推行新法的理論依據。清代思想家龔自珍（一七九二—一八四一）曾抬出《易傳》「窮則變，變則通，通則久」的權威，鼓吹「更法」；戊戌維新的代表人物康有為（一八五八—一九二七）、譚嗣同（一八六五—一八九八）等人，也都引述《易傳》的「變通」、「日新」學說，以「變」為「古今之公理」，「通」為「仁學第一義」，「新」為「群教之公理」，為其維新運動作論證。

毛澤東（一八九三—一九七六）曾經提出「窮則思變」的口號，號召全國人民振奮精神，迅速改變中國一窮二白的貧困面貌，但是，舊有的政治經濟模式，已經極大地阻礙了生產力的發展和社會的進步。在鄧小平建設有中國特色社會主義理論指導下，現在全國上上下下，大江南北，長城內外，沿海沿邊，掀起了改革開放的熱潮，從經濟基礎到上層建築都在發生著巨大的變化。這就是「窮則變」。只有變革，才有出路，才能發展壯大，才能自立於世界民族之林。不變革，就要落後，就會挨打，就有亡黨亡國的危險。這就是「變則通，通則久」。

## 自強不息

不論是處於順境還是逆境，不論是趨時尚中還是屈以求伸，不論是安不忘危還是窮則思變，《易傳》認為都要充分發揮人的主觀能動性，「自強不息」。用現在流行的話說，就是拼搏精神。

「自強不息」是《易傳》提出的一個重要原則。它包括兩方面的內容，即「自強不息」和「厚德載物」。《象傳》說：「天行健，君子以自強不息」；「地勢坤，君子以厚德載物」。就是說，天的運行永不停止，君子效法天道，所以自強不息，堅韌頑強，努力向上，絕不停止；大地順承天道，成就萬物，君子效法地道，所以胸懷廣大，容民蓄眾，包容一切，使他人和萬物都得以各遂其生，各暢其志。

這兩個方面，自強不息是自立之道，厚德載物是立人之道，自立是立人的前提，立人是自立的引申。兩者相結合，構成《周易》人生理想的總原則。

這個處理各種關係的人生總原則，經過歷代思想家和易學家的闡發，逐步深入到社會的各個層面，成為中華民族的優良傳統和中國文化的基本精神。

在中華民族悠久的文明史上，無時無處不表現著這種精神。大禹治水，每日孜孜，三過家門而不入；愚公移山，日夜不止，子子孫孫無窮匱。孔子及其門徒發憤忘食，樂而忘憂，不知老之將至；墨家學派尚力非命，死不旋踵，莫不以自苦為極。秦皇漢武統一天下於前，唐宗宋祖開創盛世於後。三國蜀相諸葛亮（一八一—二三四）鞠躬盡瘁，死而後已；南宋女詞人李清照（一〇八四—約一一五一）生當作人傑，死亦為鬼雄。清初思想家王夫之（一六一九—一六九二）強調「相天」、「造命」，高揚「振起精神」。

幾千年來，中國人民以百折不撓的精神戰勝了無數艱難險阻，發展著自己的知識、技能和道德；出現了許多民族英雄，如岳飛、文天祥、史可法、戚繼光等，挽救著民族危亡。近代以來，林則徐、魏源、洪秀全、嚴復、康有為、孫中山，不屈不撓，尋找著救國救民的道路。他們發出了「自強雪恥」、「自強保種」、「奮發圖強」、「振興中華」的吼聲。所有這些，都閃爍著「自強不息」思想的熠熠光輝。而歷代思想家提倡的「仁民愛物」、「協合萬邦」、「兼容並包」、「遐邇一體」、「古為今用」、「洋為中用」等思想，以及「順俗施化」

的民族大融合，佛教與西方文化的中國化，則是「厚德載物」原則的體現。

## 裁成輔相說

自強不息，發揮人的主觀能動性，不能隨意妄為，而要依據自然規律，利用自然提供的條件，有所作為，否則，只能受到自然的懲罰，遭到失敗。因此，《易傳》在天人關係方面，又提出了強調天人和諧的「裁成輔相」說。

《彖辭傳》說：「天地交，泰。後以財成天地之道，輔相天地之宜，以左右民。」「財」與「裁」相通。「裁成」，即加以裁制完成。「輔相」，即遵循固有的規律而加以輔助。「裁成天地之道，輔天地之宜」，就是在遵循自然規律的基礎上，對自然加以輔助，節制調整，以成就天地化育萬物的功能，使之更加符合人類的要求。《文言傳》又說：「夫大人者與天地合其德，與日月合其明，與四時合其序，與鬼神合其吉凶。先天而天弗違，後天而奉天時。」即是說，聖人掌握了《周易》的法則，其德行則與天地日月的變化相一致。先於天時的變化而行事，對自然加以引導、開發，也即裁制自然，助而導之，自然也加以順從；於天時變化既發之後行事，則注意適應，也即因順自然變化的法則，應而隨之。這便是「與天地合其德」。

這個說法，也是裁成輔相的意思。也就是說，人只能適應自然，引導自然，調節自然，輔助自然，使人與自然相諧調，而不能違背自然法則，破壞自然。

此種天人協調論，既注意了充分發揮人的主觀能動性，在自然面前有所作為；又強調了必須尊重客觀的自然規律，強調人與自然的和諧發展，是關於天人關係的一種全面觀點。對人類保護自然環境，擺脫生態危機具有重要的指導意義。

有史以來，人類按照自己的意願改變著世界，重新調度山山水水，並且利用科學技術創造了大量自然界所從未有過的東西，在許多領域出現了嶄新的奇觀。

然而，當人類陶醉於「征服自然」的勝利的時候，從本世紀六〇年代到七〇年代，人們逐漸發現，地球不堪忍受人類肆無忌憚地掠奪和蹂躪，敲響了懲罰的警鐘，燃起了復仇的火焰，諸如環境惡化，資源枯竭，人口爆炸，糧食短缺，生態系統破壞以及其它社會問題不斷向人類襲來，對人類社會構成了極大威脅。於是，在世界上相繼出現了不少綠色和平組織，呼籲人們重視生態環境，設法走出困境，擺脫危機。

究竟如何走出困境，擺脫危機？人們可以找出許多道路，恐怕其中重要一條，就是明確人與自然的和諧統一關係，人是自然的一部分，破壞自然無異於自殺。不能盲目地以破壞自然為改造自然，而應注意自然界的承受能力，使人與自然共同進化和諧發展。

在這方面，《易傳》的「裁成輔相」說會給人們提供重要的啟迪。

## 觀象製器說

前邊所引，「《易》有聖人之道四」，其中之一就是「以製器者尚其象」，以卦象為制造器物的藍本。據此，《易傳》論述聖人的功能，又提出了聖人「觀象製器」說。認為聖人依據卦象，發明創造各種器物，以使百姓有利。其基本要點是：

包犧氏發明網羅，教民漁獵，是取之於離卦。神農氏發明耒耜，教民耕種，是取之於益卦；教民交易，是取之於噬嗑卦。黃帝堯舜發明衣裳，是取之於乾坤兩卦；發明舟楫，是取之於渙卦；發明牛馬駕車，是取之於隨卦；發明擊柝防盜，是取之於豫卦；發明杵臼，是取之於小過卦；製造弓矢，是取之於睽卦；建造宮室，是取之於大壯卦；發明文字書契，是取之於夬卦等等。

對此，後來有兩種解釋，一是主取義說，一是主取象說，以取象說較符合傳文原意。如發明網羅，取之於離卦，離為目，象徵網目；發明耒耜，取之於益卦䷩，此卦上巽下震，巽為木，震為動，表示木製農具動於下而耕田。又如發明舟楫，取之渙卦䷺，此卦上巽下坎，巽為木，坎為水，表示木製的器物浮於水上，故為舟楫。

此種學說，雖然將物質文明和精神文明的進步歸之為聖人的創造，是一種唯心史觀，但卻隱藏著器物的發明創造來於對客觀事物觀察的積極因素，因為卦象出於對自然現象的模寫。這似乎也給人以啟發，任何發明創造，都不是頭腦主觀想像的產物，而是經由對客觀外界各種關係的研究，引起聯想，依據人們對自然規律的認識，重新綜合而產生的。

在這裡，任何閉門造車、海闊天空地幻想都是無濟於事的。

## 尚賢和養賢

聖人的主要作用是治國安民。那麼，如何才能做到使天下安定，人民幸福。

《易傳》提出了許多具體的政治措施，諸如隆禮敕法，明德慎罰，但最關鍵的，是任用賢才，唯有任用賢才以為輔佐，方能容民蓄眾，身安國保，興天下之利，除天下之害。因此，《彖辭傳》不僅提倡「尚賢」，而且主張「養賢」。

其釋「大畜」卦說：「大畜，剛健篤實輝光。日新其德，剛上而尚賢……不家食吉，養賢也。」又解釋「頤卦」說：「天地養萬物，聖人養賢以及萬民，頤之時，大矣哉！」解釋「鼎卦」也說：「聖人亨以享上帝，而大亨以養聖賢。」這是說，不僅要崇尚尊重賢才，更重要的還要厚祿安養。這是儒家的共同思想。孔孟都提倡尚賢，孟子於尚賢之外，又提出養賢說。

《孟子・萬章下》說：「悅賢不能舉，又不能養，可謂悅賢乎？」悅賢包括尚賢和養賢兩個方面。孟子還講了堯養舜的故事：堯發現了舜這個人才，就派他的九個兒子去侍奉舜，又將兩個女兒嫁給舜，並配備了百官，準備了充足的糧食和大批的牛羊，把舜養育在畎畝之地，後來才舉薦他做了大官。孟子評論說：「堯才真正稱得上是尊重賢才的人啊！」照這個說法，養賢又是舉賢的前提。《彖辭傳》提出的養賢說，與孟子所說是一致的。

《易傳》的尚賢與養賢說，在中國思想史上影響很大。宋初三先生之一胡安定著《周易口義》，對此說作了系統發揮。他認為，治國之道首在安民，安民之道約而有三，為首的就是「求賢」，並從求賢的目的，求賢的途徑作了全面論述。其中一條說，為了使賢者盡謀慮、竭忠信以輔助自己，人君「必有貴爵重祿以養於賢者，使天下之賢皆進於朝廷，受祿於國」（《周易口義・大畜》）。「賢人既養，則天下之賢者引類而歸之；身既安則可以暢仁義之道於天下」（《周易口義・需》）。

此種學說，具有極大的普遍意義。無論何時何地，只要是有人群的地方，要想把事情辦好，就需要賢能之士。不尊重人才，不信用人才，不給人才以優厚的物質待遇和精神安慰，而希冀獲得事業的成功，那是不可想像的。「馬兒不吃草，還要馬兒跑得好」，只不過是現代的天方夜譚而已。

雅片戰爭前夕，著名啟蒙思想家龔自珍曾經發出了「九州生氣恃風雷，萬馬齊喑究可哀。我勸天公重抖擻，不拘一格降人才」的吶喊。在我們進一步改革，擴大開放的今天，《易傳》所提出的尚賢和養賢說，尤其值得重視和發揚。讓我們期待著，「尊重知識，尊重人才」的口號，真正蔚為風氣吧。

## 神道設教

如何維持家族制度中的「父父、子子、兄兄、弟弟、夫夫、婦婦」的正常秩序，以達到「家道正」而「天下定」的目的？《易傳》十分強調教化的作用，大講什麼「先王以省方觀民設教」，君子「以振民育德」，「教思無窮，容保民無疆」（《象辭傳》）。而為了教化，最簡單易行的辦法就是利用流傳已久的天神崇拜和祖先崇拜的宗教，提倡敬天尊祖。這方面，《易傳》也有不少論述，如所謂「薦之上帝」，「享上帝」，「順天命」，「假有廟」，「立宗廟」，「配祖考」等等。天神崇拜可以加強君權的地位，祖先崇拜則可以加強父權的地位。應該說，《易傳》作者確實抓住了問題的關鍵。

但是，這種敬天尊祖的傳統宗教，與戰國時代的自然哲學思潮，在理論上是根本對立的。為了維護封建宗法等級制度，《易傳》不得不提倡敬天尊祖的傳統宗教。為了建立完整的哲學體系，《易傳》又不得不接受當時直接否定這種傳統宗教的天道自然觀。這樣，就不可避免地陷入了理論上自相矛盾的困境。為了擺脫困境，《易傳》的作者們不愧是博學多識、敏捷深湛的大家，終於找到了一個異常巧妙的解決辦法，叫做「神道設教」。

《象辭上傳・觀卦》說：「觀天之神道，而四時不忒。聖人以神道設教，而天下服也。」即是說，聖人觀察四時的運行，春夏秋冬秩序井然，從無過差，就像有神靈主宰一樣，於是設立鬼神祭祀推行教化，這樣，天下萬民也就都馴服了。這是一種宗教與非宗教的巧妙結合。雖然統治者懷著虔誠的心理祭天祀祖，但主要目的在於推行教化，文飾政事，借用傳統宗教的力量使人民服從君父的統治，以維護封建宗法等級秩序。這正如荀子《天論》所說：「雩而雨，何也？曰：無何也，猶不雩而雨也。日月食而救之，天旱而雩，卜筮然後決大事，非以為得求也，以為文也。故君子以為文，而百姓以為神。以為文則吉，以為神則凶也。」雩祭而得雨，卜筮決大事，並非因為有什麼神靈主宰其間，而只是一種儀式和文飾，具有教化作用。以為是文飾或以為有神靈，正是君子與小人的區別。

在中國長期的封建社會中，《易傳》所提出的「神道設教」的思想，一直受到封建統治者及其知識分子的推崇，對鞏固宗法制度起了重要作用。

這是一個十分有趣的文化現象，值得我們深入研究。它對於我們正確對待宗教文化，也不無借鑒意義。

# 第三章　漢代象數之學

春秋戰國時代，解說《周易》原理的，不僅是儒家一家，還有道家、陰陽五行家和法家中的人物。所以秦始皇焚書，《周易》幸免於火，因為「《易》乃卜筮之書」，非儒家專有的典籍。可是漢王朝建立之後，由於統治者表彰儒家，提倡經學，隨著經學的確立和發展，《周易》被尊為五經之首。於是出現了一批經師和學者，以治《易》為己任，人們對《周易》的研究，遂成為一種專門的學問，即易學。

漢代是易學發展的一個重要階段。就解《易》的風氣說，主要有三種傾向：一是以西漢人孟喜、京房為代表的官方易學，以奇偶之數和八卦之象解說《周易》經傳文，以六十四卦解釋一年四時節氣的變化，被稱為卦氣說。此派易學乃漢易發展的主流，是象數學派的創始者。後來出現的《易緯》則發展了孟、京以《周易》講陰陽災變的傾向，將《周易》進一步神秘化或神學化了；二是以西漢東萊人費直為代表的易學，以《易傳》文意解經，注重其中的義理，後來發展為義理學派；三是以道家黃老之學解釋《周易》，或者說，將易學同黃老之學結合起來，講陰陽變易學說，至東漢末年上虞人的魏伯陽，將卦氣說，同煉丹術結合起來，以《周易》原理解說煉丹的理論和方法，成為道教易學的先驅。

## 《周易》成了五經之首

六經之名出現較早，大概在戰國後期就已經明確了。《莊子・天運》說：孔子謂老聃曰：「丘治《詩》、《書》、《禮》、《樂》、《易》、《春秋》六經。」至漢武帝建元五年（公元前一三六年）春，招方正賢良文學之士，倡明經學，獨尊儒術，因《樂經》亡佚，只立五經博士。初始，《書》、《禮》、《易》、《春秋》各只立一家，唯《詩》分魯、齊、韓三家。其後五經博士分為十四。隨著儒家經學的確立和發展，《周易》被列為五經之首。

據《史記》和《漢書》的《儒林傳》記載，西漢易學皆本於齊人田何，田何傳《易》於周王孫、丁寬、服生，皆著《易傳》數篇，後又傳授給楊何。丁寬授《易》於田王孫，田王孫又傳給施仇、孟喜、梁丘賀，於是「《易》有施、孟、梁丘之學」。孟喜又傳於焦延壽，焦又影響京房，於是「《易》有京氏之學」。施、孟、梁丘、京氏四家皆列於學官。京房易學獨樹一幟，與田何系統的易學不同，實際上是以六十四卦卦象和卦爻辭為資料，闡發自己的易學體系，所以被西漢經學家劉向（前七七—前六）視為「異黨」。這是西漢官方易學傳授的情況。

另外，還有以費直和高相（西漢沛人）為代表的易學系統，被稱為費氏易和高氏易，「於是有費高二家之說」。費直授《易》於王橫，高相傳於子康和毋將永，皆未立於學官，屬於民間易學。與當時經學的發展相適應，官方易學屬於今文經學派，而以費直為代表的民間易學，則屬於古文經學系統。用當時通行的隸書寫成的經典稱為今文經學，而以篆文書寫的經典則稱為古文經學。

今文經學對經典的解釋，專明微言大義，傾向於把儒家宗教化，發揮天人感應、陰陽變異的神秘主義；而古文經學多詳章句訓詁，傾向於反對用天人感應等神秘觀念解釋儒家經典。

《周易》何以成為五經之首？近來被提出來加以討論、研究。有人認為，這是因為，中國古代國家是信神的，最高的神就是天或上帝，人們的一切行為都要按照天意來做。而《周易》所示的占筮結果，歸根到底，乃天意的表現。據此，人們認為《周易》乃古代社會神諭的總集，是上帝的啟示錄。所以，它理應居於別的經書之上。

其實，這種說法並沒有反映問題的本質。早在漢朝初年，占卜在社會生活中的地位就已經衰落了，一些有名望的知識分子對用《周易》進行占筮非常卑視，就連占筮者本人也不大相信占筮的可靠性。

據《史記·日者列傳》記載，占筮家司馬季主在長安街市上擺了一個卦攤，為人占卜吉凶。有一天西漢政論家賈誼（前二〇〇前一六八）和宋忠前去訪問，對司馬季主說：卜筮這種東西，是被人們所輕賤的。人家都說，從事占卜的人大多語言誇張虛誕，使人迷惑；謊稱能升官發財，使人高興；胡說災禍將至，使人傷心；誑言鬼神作祟，使人破財；要求人們厚禮拜謝，以滿足自己的私利。所以我感到這是個很羞恥的低賤職業。照賈誼的話說，占筮不過是騙人之術。司馬季主聽後很不高興，就反駁說：「你們所說的那些高官厚祿的人，整天庸庸碌碌，吃喝玩樂，貪贓謀私，犯法害民，有什麼高貴？而我們進行占卜，一定要法天地，象四時，告人吉凶，導惑教愚，勸行仁義，有什麼不好？況且天不足西北，地不足東南，日中必移，月滿必虧，先王之道，時存時亡，你們要求占卜的話一定準確，不是太糊塗了嗎！」照司馬季主所說，以《周易》作為占術，其結果並一定可信，但以它占算時日，勸人行道德，卻有其價值。可見，《周易》作為一種占術，在漢初是受到學者們輕視的。

西漢後期，著名易學家嚴君平曾賣卜於成都之市，也以卜筮為賤業，每天只是賣得數錢，得以糊口度日，便「閉肆下簾」，關起門來研究他的《老子》和《莊子》去了。而且，他為人占卜，也只是引導人們棄惡向善，慕行仁義孝悌忠信。這同樣是以《周易》為道德教化之書，並非以其為上帝的啟示錄。

那麼，《周易》被尊為五經之首的主要原因又是什麼呢？這裡的關鍵在於《周易》（主要是《易傳》）自身思想體系內在結構的合理性。如前一章所述，它不僅為封建統治者提供了一套具體的治國方略，而且為鞏固封建制度，達到長治久安，為世人安身立命，提出了一系列指導性原則。

比如它的「裁成輔相」的天人協調論，主要是解決人與自然的關係；「觀民設教」、「觀象製器」的崇德利用思想，主要解決人自身的關係，即精神生活與物質生活的關係；中和思想主要解決人與人的關係，包括民族關係，君臣、父子、夫婦、兄弟、朋友等人倫關係；而「自強不息」的剛健有為思想，則是處理各種關係的人生總原則、總綱領。這樣就為維護地主階級的長遠利益和整體利益，提供了一套系統的指導方針。因此，《周易》受到中國封建社會歷代統治者的尊敬和推崇，就是理所當然的了。

不僅如此，《周易》還為儒家思想提供了一個較為全面的哲學體系，做了理論上的論證。就六經來說，「《詩》以道志，《書》以道事，《禮》以道行，《樂》以以道和，《易》以道陰陽，《春秋》以道名分」（《莊子・天下》）。

司馬遷繼承此說，認為「《禮》以節人，《樂》發和，《書》以道事，《詩》以達意，《易》以道化，《春秋》以明義」（《史記・太史公自序》）。其它五經偏重於人生某個方面的專門論述，而《周易》則既言人事，又講天道，以「陰陽變易」學說闡發宇宙人生發展變化的總規律，即所謂「《易》以道陰陽」，「《易》以道化」。就儒家系統的哲學說，《論語》、《孟子》、《大學》、《中庸》四書所講的內容，所使用的術語、概念和範疇，偏重於政治、道德問題，對自然觀和宇宙觀的論述比較貧乏，而《周易》，特別是其中的《易傳》，則為儒家哲學開始提供了一個較為全面但尚很粗糙的體系。這種世界觀逐步擺脫了有神論的影響，成為中國知識界和文化界用來觀察和解釋世界的工具。

因此，在漢代《周易》又特別受到上層知識界的尊崇。

《易傳》是戰國時期學術大融合的產物。儒家的倫理觀念，道家和陰陽家的天道觀，成了《易傳》解《易》的指導思想。因此，它所提出的是一個融合各家而又超越各家的新型世界觀。這樣，《易傳》的思想便具有了很大的包容性，更宜於被各家所接受。而作為儒家典籍，當時人們公認它經過了伏羲和文王的創造，孔子的闡發，「人更三聖，世歷三古」，具有更大的權威性。

總之，《周易》是作為講天人之道即世界根本原理的學問，講事物變易法則的學問，作為處理生活得失、治理天下國家和進行道德修養，提高精神境界的指南，同時又具權威性和包容性，而被尊為群經之首的。概括地說，《周易》成為五經之首，不是因為它有什麼體現天意的光環，而是由於它完整的思想體系和高超的理論思維。

## 易學中的兩大流派

易學作為一門學問，是由對《周易》占筮體例及其原理的解釋，形成和發展起來的。其對卦爻象和卦爻辭的解釋，從春秋時期的易說開始，到戰國時期的

《易傳》，就存在著取象說和取義說的對立。但在當時，人們並沒有把這兩種方法截然分開。在《易傳》的體系中，這兩種說法是並存的，而且又互相補充。可是，漢代以後，這兩種說法逐漸發展成為兩大對立的流派：象數學派和義理學派。著重從陰陽奇偶之數、九六之數、大衍之數、天地之數和卦爻象及八卦所象徵的物象，解說《周易》經傳文義，致力於研究取象規則及其象徵意義的學問，稱為象數之學，研究象數之學的人組成象數學派。而著重從卦名的意義和卦的德性解說《周易》經詩文，致力於闡發其中的義理，從而演繹出一番道理的學問，稱為義理之學，研究義理之學的人則屬於義理學派。這兩大流派無論對《周易》經傳文字的解說，還是對其理論的闡發，都具有自己的特色，而且展開了長期的爭論，相互攻駁，又相互影響、相互資取，從而推動了易學的發展。

漢代以孟喜、京房為代表的官方易學，以象數解說《周易》經傳文，以卦氣說即六十四卦配日、候、節氣，解說《周易》原理，被宋人稱為象數之學。孟喜、京房是象數學派的創始人。孟喜有《易章句》，已經失傳，如何講象數，不得其詳。但以陰陽二爻和奇偶二數的變化解釋陰陽二氣的變化是可以肯定的。京房解《易》，則提出一種「飛伏說」。飛指顯現，伏即隱藏。顯現於外而可見者為飛，隱藏於背後不可見者為伏。就是說，在顯現出來的卦象和爻象背後，隱伏著與它對立的卦象和爻象。比如乾卦象，可見者為☰，為飛；其對立卦象為☷，潛伏在乾象背後，不可見，為伏。相反，坤卦為飛，乾卦就為伏。乾坤、震巽、坎離、艮兌的卦爻象皆兩兩相對，互為飛伏。其它各卦則以其中一爻與某卦的某爻互為飛伏。

飛伏說的提出，在本卦之外又增加了一卦的爻象，從而豐富了本卦的卦義和內容，更便於說明卦爻辭的吉凶。京房還吸收春秋時代占卦的方法，提出互體說。所謂互體，即以六畫卦中二至四爻三至五爻分別組成兩個三畫卦。三至五爻亦稱為約象。這樣加上原有的上下兩卦，一個六畫卦就包含有四個三畫卦，配合起來，就可以對占筮的結果作出隨意的解釋。

京房之後，東漢荀爽（一二八－一九〇）、三國吳人虞翻（一六四－二三三）又進一步提出卦變說，以一卦之中的陰陽爻象互易成為另一卦象，解說卦爻辭的意義。並與旁通說（即一卦與另一卦六爻全面相反者相互解釋）、互體說、半象說（即取三畫卦象的一半）、取象說相配合，解釋經傳文句。而虞翻取象，比《說卦》更加廣泛，據清代漢學家惠棟（一六九七－一七五八）統計，達三百二十餘種之多。如此解易，雖然對占筮的結果能夠作出更加靈活的解釋，但卻將漢易引向了極其繁雜的道路。這種煩瑣的象數之學，不能不走向自己的反面，從而引出了以在三國魏人王弼（二二六—二四九）為代表的義理學派。

義理學派發端於漢代的費直易學。前邊說過，以費直為代表的民間易學，不講卦氣和陰陽災變，而以《易傳》文意解說經文，注重義理，乃義理學派的先驅。東漢陳元、鄭玄受業於馬融，又作《易注》，荀爽又作《易傳》，使費氏易學大興。鄭、荀解經，雖屬古文經學的傳統，但頗受京房易學和《易緯》的影響。而全面繼承費氏易學的傳統，排斥京房易學影響的，是曹魏時期與虞翻同時的王肅（一九五—二五六）。

王肅解易注重義理，略於象數，不講互體、卦變等說，更無一字涉及陰陽易變，以文字簡明為其特色。此種簡易樸實的解易學風，是對漢代煩瑣經學學風的一種反抗，成為義理學派王弼易學的前導。

王弼是義理學派的創立者。其對八卦和六十四卦及卦爻辭和傳文的解釋，進一步發揮了取義說，而有意識地排斥取象說。他以為，人們畫出卦象及其所取之物象，是為了表達某種意義的。因此，要力求理解和把握卦象及所取物象的意義。而一旦通過卦爻象得到了它的意義，便可以把卦爻象忘掉了。這就是所謂的「象生於意」，「得意而忘象」。這種說法，並不符合《周易》體例的本義，人們當初畫卦取象也沒有包含後來所加的那些意義。但這是王弼解易的出發點。

他認為，事物分為若干類別，每類事物都有共性，即該類事物的義理。人們與物類相接觸，總是按其德性取其物象，依其義理為其象徵，凡是屬於某類義理的東西，都可歸於這一類。例如，乾卦的意義為剛、健，凡屬此類性質的事物，如龍、馬、天、君、父等都可以歸於此類。坤卦的意義為柔、順，凡屬此類性質的事物，如牝馬、牛、地、臣、母等都可以歸於此類。只要說出卦象和所取之物象表示剛健或柔順就行了，因為說出了剛健、柔順，就說出了這一類事物的性質，何必一定要把卦固定在一個個馬或者牛上啊。而漢易象數之學看到有馬之辭而無乾卦之象，與取象說不合時，於是立種種偽說，加以附會。始則以互體說解之，互體不通，又立卦變；卦變說講不通，又推衍為五行說，結果是「一失其原，巧愈彌甚」，縱然偶有巧合，但於義也無所取。只有「忘象以求意」，探討卦爻象和卦爻辭的義理，才能把握其真諦。由於事物的性質乃眾多同類事物本質的概括，所以用王弼的辦法既簡便又合用，給人們帶來了一種清晰明快、簡練便當，而又意義深遠之感，使人獲得了一種解放。於是王弼義理之學便代替了漢代煩瑣的象數之學，在一個相當長的時期裡，成了易學的正宗。

宋代易學，象數學派與義理學派並存，而以程頤（一〇三三—一一〇七）和張載（一〇二〇—一〇七七）為代表的義理學派逐漸占了上峰。而朱熹又站在義理學派的立場，企圖調合象數和義理兩大學派，對北宋以來的易學作了一次總結，一直到清初，都取得了統治地位。由於朱熹易學並不一概排斥象數之學，元明兩代的象數之學又有所發展，而象學逐漸成為象數之學的主流。著名易學家來知德（一五二五—一六〇四）即其代表人物。明末方以智父子對元明以來的象數之學又作了一次總結，標誌著象數之學的高峰。由於象數之學提倡以象解易，因而提出了許多圖式解說易理，又形成了易圖學。

明清之際，王夫之又從義理學派的角度，對宋明以來的易學進行了一次大總結，繼承張載氣學和象學的傳統，修正程、朱義理之學，並同邵雍易學以及漢代以來的象數之學展開了辯論，建立起一個博大精深的易學哲學體系，標誌著義理之學的鼎盛。直到清代漢學興起，對《周易》的研究才又回到漢易象數之學的傳統上來，但並未擺脫漢易的樊籬，更沒有形成自己的獨特體系。

## 貫通天人的學術大勢

隨著漢代統一的封建大帝國的建立，西漢學術思想的發展也出現了新趨勢，這就是貫通天人的學術思潮。漢代第一儒陸賈（約前二四〇—前一七〇），為漢高祖劉邦（前二五六—前一九五）陳述治國的長久之術，著作《新語》，首篇《道基》第一句話就是說：「天生萬物，以地養之，聖人成之。功德參合，而道術生焉。」聖人的功能與天地相參，方稱得上道術。也就是說，貫通天人乃治國道術的基礎。著名思想家董仲舒（前一八〇—前一一五）在與漢武帝（前一五六—前八七）對策時也提出，最重要的問題是「觀天人相與之際」。偉大的史學家司馬遷（約前一四五—？）作《史記》，說他的根本目的也是要「究天人之際，通古今之變」（《報任少卿書》）。正是在這種思潮之下，許多思想家都在努力組成貫通天人、包含萬類的思想系統或自然哲學系統。

《禮記》中有一篇重要著作叫做《月令》，專門講某一個月的天文、氣候和其他方面的情況；根據這些情況決定農業生產方面所應作的事情，以及統治者在宗教和政治方面所應有的活動，成為一年十二個月的月曆。這個月曆是採自《呂氏春秋・十二紀》。

《呂氏春秋》是呂不韋（？—前二三五）叫他的門客寫的文章的總集。呂不韋是戰國末年的一個大商人。他在趙國都城邯鄲經商的時候，用投機取巧的辦法搞政治活動，幫助秦國的人質公子異人返回秦國，取得了王位。後來，他也到秦國做了莊襄王的丞相。莊襄王死後，他的太子政立為秦王，即後來的秦始皇。呂不韋曾發動了一次宮廷政變，企圖奪秦始皇的權，失敗後，被放逐到四川，自殺了。在呂不韋當政的時候，憑借政治上的權力，收集了當時各家學派的人作他的「賓客」，叫他們大寫文章，收集在一起，名為《呂氏春秋》。

《呂氏春秋》「法天地」，「順四時」，「上揆之天，下驗之地，中審之人」，也是要建立一個貫通天人的思想體系。它以十二紀為綱，搭了一個架子。每紀的紀首是該月的月令，記述當月的季節、氣數、天象、物候、農事、政令、宗教祭祀，並與相應的五帝、五神、五行、五方、五色、五音、五祀、五蟲、五味、五臟、十二律及十天干相配合。而且按照春夏秋冬四季的不同特點，將四組論文配屬於四季之下。如春天生育萬物，其論文的內容即講養生；夏天主發育長養，其論文的內容則講教育和音樂；秋季主肅殺，所以其論文的內容即講用兵和刑罰；冬季為一歲之終，萬物收斂潛藏，其論文的內容則講生死存亡之道。如果人們日常生產生活和統治者的政治措施合乎天時，就會對自然界有所幫助；如果不順天時，就會引起自然界不正常的變化，招致災禍。

實際上，這是以「天人相通」的原則，建立了一個以五行為支柱以陰陽二氣的運行為內容，時間與空間相配合，天地人一切事物皆包含其中的宇宙間架。

漢武帝初年，淮南王劉安（前一七九—前一二二）也招納「賓客」，叫他們寫了不少書，其總集名為《淮南鴻烈》，簡稱《淮南子》。《淮南子‧時則訓》幾乎完全接受了上述以陰陽五行為骨架的世界圖式，而又加以發展，同樣是企圖建立一個貫通天人的自然哲學系統。

幾乎與此同時，董仲舒為了給封建的中央集權統治提供理論根據，也吸取了戰國以來的陰陽五行思想，以陰陽在四時四方中的運行言天道，並將此天道貫徹於人生政治社會全面活動之中，以建立天人貫通的龐大思想體系。又將《公羊春秋》加以特別解釋，組織到這個思想體系之中，借以說明他所認為的自然界和人類社會的秩序及其變化規律。照他虛構的世界圖式，宇宙是一個有機的結構，天和地是這個結構的輪廓，五行是這個結構的間架，陰陽是這個結構中的兩種勢力。從空間方面說，木居東方，火居南方，金居西方，水居北方，土居中央。

這五種勢力，好像是一種「天柱地維」，支持著整個宇宙。從時間方面說，五行中的四行，各主一年四時中的一時之氣：木主春氣，火主夏氣，金主秋氣，水主冬氣。而土兼主四時。當陰陽二氣運行到某個方位的時候，它們就與原來主持這一方位的某一行，合力併功，形成為某一季節。如陽氣運行到東方，與木結合，形成春天，生長萬物；運行到南方，與火結合，形成夏天，養育萬物，如此等等。同時，這個世界圖式，也包含人類在其中，天人是相通的。天有什麼，人就有什麼；人有什麼，天也就有什麼。比如天有陰陽，人有哀樂，事有德刑；天有五行，人有五臟，行有五事；天有四時，人有四肢，情有喜怒哀樂；天有晝夜寒暑，人有明昧剛柔等等。總之，人是天的副本，宇宙的縮影。這就叫做「以類合之，天人一也」（《春秋繁露．陰陽義》）。

既然天和人是同類的，凡同類的東西可以互相感應，那麼天和人也可以相互感應。所以人的意識和行為，可以引起自然界的異常變化；人若喜怒賞罰得當，世治民和，可以使寒暑得時，風調雨順；相反，賞罰不當，可以使寒暑不時，災害四起。也就是說，人的一舉一動都可以引起天時節氣的變化。反過來，天時現象的異常變化，也預示著人事要出大問題。

因此，觀察自然現象是否正常，究明天人之際，也是國家政治生活中的大事。據《漢書》記載，漢宣帝（前一二八—前九一）時，丞相丙吉（？—前五五）春天外出，看見一幫清道的人打群架，死傷了不少，他不問不管。後來看到有人趕著一群牛，牛大口喘氣，吐著舌頭，他卻十分關心。當時許多人不理解，有的譏笑他。

在今人看來，丙吉好像很殘酷，不人道。可是在古人看來，丙吉卻是賢明的宰相。因為在他看來，牛喘說明天太熱，而當時的季節不應該如此，這就是陰陽失常。陰陽失常說明國家將要發生大事，可能會有傷害，所以丙吉特別重視。

這就是西漢學術思想發展的大趨勢。孟喜京房的卦氣說正是在這一貫通天人的大趨向下的產物之一。

## 孟喜京房的卦氣說

對《五經》加以附會，以《周易》處於最有利的地位。《周易》卦爻自身，本是象徵的符號，而其起源是憑「神以知來」，進行占算，由天道以言人事。而且許多地方，尤其是《象辭傳》和《彖辭傳》，直接談論天道與人事的關聯。因此，在上述的學術風氣中，以孟喜、京房的卦氣說最為成功，影響最大。以卦氣說解釋《周易》原理，乃漢易的主要特徵。

所謂卦氣，即以八卦或六十四卦配一年四季、十二月、二十四節氣、三百六十五日，並以此解說一年節氣的變化。

漢宣帝時的易學家孟喜是漢易中卦氣說的倡導者。他以坎、震、離、兌四正卦主管二十四節氣，一卦六爻，每爻主管一個節氣，如坎卦初六為冬至，九二為小寒，六三為大寒，六四為立春，九五為雨水，上六為驚蟄。其它三正卦以此類推，其初爻分別為春分、夏至和秋分。其餘六十卦分配於十二月之中，每月五卦，每卦主管「六日七分」，即六日又八十分之七日，配七十二候。

自十一月初候開始，中孚卦用事，為一年節氣變化的開始，也就是後來所說的「甲子卦氣起中孚」。到次年十一月大雪末候，頤卦用事，為一年節氣變化的終結。這六十卦按辟（君）、公、侯、卿、大夫五爵位，分為五組，每組十二卦。其中十二辟卦為：復、臨、泰、大壯、夬、乾、姤、遁、否、觀、剝、坤，代表十二月和一年節氣中的中氣，即處於月中的節氣，象徵一年四時的變化（圖

| | | | | |
|---|---|---|---|---|
| 復 | ䷗ | 十一月 | 冬至 | 冬 |
| 臨 | ䷒ | 十二月 | 大寒 | 冬 |
| 泰 | ䷊ | 正月 | 雨水 | 春 |
| 大壯 | ䷡ | 二月 | 春分 | 春 |
| 夬 | ䷪ | 三月 | 谷雨 | 春 |
| 乾 | ䷀ | 四月 | 小滿 | 夏 |
| 姤 | ䷫ | 五月 | 夏至 | 夏 |
| 遁 | ䷠ | 六月 | 大暑 | 夏 |
| 否 | ䷋ | 七月 | 處暑 | 秋 |
| 觀 | ䷓ | 八月 | 秋分 | 秋 |
| 剝 | ䷖ | 九月 | 霜降 | 秋 |
| 坤 | ䷁ | 十月 | 小雪 | 冬 |

圖一　十二辟卦圖

一）。

其中從復至乾，陽爻自下而上逐漸增加，是陽息陰消的過程；從姤至坤，陰爻逐漸增長，是陰息陽消的過程。所以此十二辟卦又被稱為十二月卦或十二消息卦，表示一年十二月、二十四節氣陰陽二氣的消長變化。

漢元帝（前七十六—前三十三）時，京房繼承焦延壽的易學，進一步發展了孟喜的卦氣說。他不僅以卦配一年的月數，而且以爻配一年的日數。但六十四卦有三百八十四爻，配一年的三百六十五又四分之一日，如何配得好？他便對孟氏的卦氣說加以改造。他依然保留了孟喜的十二消息卦說，不過卻將坎離震兌四正卦納入一年的日數之中，連同巽、艮兩卦，共同主管二十四節氣。按現有的材料，其具體配法是，四正卦的初爻，即主管二至二分之爻，各為一日的八十分之七十三；頤、晉、升、大畜分別居於四正卦之前，各為五日十四分；其餘各卦皆當六日七分。並鮮明地提出陰陽二氣說，解釋一年四季的變化過程。進而以此為最高範疇，解釋易學中的變易學說，闡述了陰陽轉化的觀念，提出了「物極則反」說。

這就是所謂：「壯不可極，極則敗。物不可極，極則反」（《京氏易傳・大壯》）；「陰陽代位，至極則反」（同上，《井卦》）；「陰陽相蕩，至極則反」（同上，《大過》）。「物極則反」這一命題，就《周易》系統說，始於京房的「物極則反」說。後來經過揚雄（前五三－一八）、歐陽修（一〇〇七－一〇七二）的闡發，至程頤方作出「物極必反」的概括。

京房的卦氣說，並非對《周易》的忠實解釋，而是利用《周易》的資料，以當時的天文曆法知識，講他自己的易學體系。所以其《京氏易傳》中，對六十四卦的排列順序，提出了一個新的看法，後人稱為「八宮卦」說，並以此表示卦爻象的變化乃陰陽消長的過程。他將六十四卦分為八組，按乾、震、坎、艮、坤、巽、離、兌的順序排列，稱為「八宮」，又稱為八純，如圖二所示。

| 世、遊、歸 | 八宮卦 | | | | | | | |
|---|---|---|---|---|---|---|---|---|
| 八純上世 | 乾 | 震 | 坎 | 艮 | 坤 | 巽 | 離 | 兌 |
| 一世 | 姤 | 豫 | 節 | 賁 | 復 | 小畜 | 旅 | 困 |
| 二世 | 遁 | 解 | 屯 | 大畜 | 臨 | 家人 | 鼎 | 萃 |
| 三世 | 否 | 恒 | 既濟 | 損 | 泰 | 益 | 未濟 | 咸 |
| 四世 | 觀 | 升 | 革 | 睽 | 大壯 | 無妄 | 蒙 | 蹇 |
| 五世 | 剝 | 井 | 豐 | 履 | 夬 | 噬嗑 | 渙 | 謙 |
| 遊魂 | 晉 | 大過 | 明夷 | 中孚 | 需 | 頤 | 訟 | 小過 |
| 歸魂 | 大有 | 隨 | 師 | 漸 | 比 | 蠱 | 同人 | 歸妹 |

圖二　八宮卦次圖

每宮一純卦統率七變卦，如乾宮乾卦為純卦，統率姤、遁、否、觀、剝、晉、大有七卦。純卦又稱為上世卦，六爻皆不變。

其所屬各卦有一爻變的，即陽爻變為陰爻、陰爻變為陽爻，稱為一世卦，如乾宮中的姤卦，初畫為陰爻，是由乾卦初九爻變來的。有二爻變的，稱為二世卦，如乾宮中的遁初畫、二畫皆為陰爻，是由乾卦初九、九二爻變來的。三爻變的稱為三世卦，四爻變的稱為世卦，五爻變的稱為五世卦。

第六卦稱為遊魂卦，即五世卦的第四畫，恢復本宮卦中的第四爻象，但未回到內卦之位，而是居於外卦四位，像靈魂一樣遊蕩，所以稱「遊魂」。第七卦稱為歸魂卦，即遊魂卦的下卦變回到本宮卦的下卦，復歸本位，所以稱「歸魂」。一世二世為地易，三世四世為人易，五世八純為天易，遊魂歸魂為鬼易。

可以看出，乾坤兩宮卦爻象的變化，即表示陰陽消長的過程。乾卦六爻皆陽，表示陽氣極盛，其次姤卦一陰生，次為遁卦二陰生，至晉卦表示陽不可盡剝，又復於陽，最後大有卦，表示下卦復歸本位。這是陰息陽消的過程。相反，坤宮八卦則表示陽息陰消的過程。

京房還把八宮卦配以十天干，其各爻配以十二地支。因為甲為十干之首，所以被稱為納甲說。同時，又以五行配入八宮卦及卦中各爻，或以五星配卦，用五行生剋和天文學中的占星術，講陰陽災變，解釋人事的吉凶。以納甲說和五行說解釋《周易》，是京房的一個創造。

這樣，京房易學便把日時、方位，天文星象，陰陽氣候的變化，五行的相生相剋，天地人鬼都組織在一個框架之中了。加上他所提出的世應、飛伏、互體等占筮體例，便可以從不同的方面，隨心所欲地比附人事的吉凶了。

就哲學的發展說，孟京易學，特別是京房易學，通過卦氣說，建立起一個以陰陽五行為宇宙間架、貫通天人、包含萬類的哲學體系。這個體系將八卦和六十四卦看成是世界的模式，認為《周易》既是自然界又是人類社會的縮影，作為世界變易的基本法則即陰陽二氣的運行和五行之氣的生剋，就表現在八卦和六十四卦及三百八十四爻之中。

這樣，就把西漢以來的自然哲學更加系統化了。

## 《易緯》與神秘主義

京房卦氣說雖然以為陰陽二氣運行的法則即表現在八卦和六十四卦之中，但二氣的運行與八卦究竟是什麼關係，並未作出說明。《易緯》進一步發展了京房的卦氣說，對此作了解釋，並為卦氣說提供了一種哲學上的依據。

《易緯》以陰陽之數的變化解釋陰陽二氣的變化。它以七、九為陽數，六、八為陰數。陽主進，由七而九，象徵陽氣的生息；陰主退，由八到六，象徵陰氣之消衰。根據筮法，七八之數為不變之爻，九六之數為可變之爻，《易》主變易，故以九六之數代表陰陽二爻，體現陰陽二氣的變化。陽九陰六和陽七陰八皆合為十五，這就是《易傳》所說的「一陰一陽之謂道」。那麼，陰陽之氣如何在八卦中運行，決定一年節氣的變化呢？《易緯》從古代的明堂九室制度得到啟發，提出了「太一行九宮」說。

什麼是明堂制？明堂，就是天子處理國家事務的辦公室。在古代社會中，天子依據季節的不同，每個月輪流在不同方位的宮室內發布政令。春天居東方三室，夏天居南方三室，秋天居西方三室，冬天居北方三室。因為四隅之處為一室，不同的季節則出入不同方向的門戶以為區別，所以實際上是九室。這就是「明堂九室制」。

《易緯》吸取此說，說明陰陽二氣在八卦中的運行法則。認為天神太一取其數即從一到九的次序，運行於九宮之中。

九宮有四正四維，坎一、離九、震三、兌七四卦居於北、南、東、西四正位，為四正；乾六、坤二、巽四、艮八居於西北、西南、東南、東北四角，為四維。四正四維與中五之數，縱、橫、斜相加，皆為十五。太一在九宮中的運行是：始於坎宮一，次入坤宮二，次入震宮三，次入巽宮四，然後進入中宮五休息；而後又入乾宮六，依次入兌宮七、艮宮八，到離宮九結束。這就是所謂「太一取其數以行九宮」。製圖三，示之如上：

| 巽四 | 離九 | 坤二 |
|---|---|---|
| 震三 | 中五 | 兌七 |
| 艮八 | 坎一 | 乾六 |

圖三　九宮圖

可以看出，太一行於九宮，也就是周行於八卦之中。此說以陰陽之數、九宮之數的變化，說明八卦所主一年節氣的變化和陰陽二氣消長運行的過程，是京房卦氣說的進一步闡發。

按照《易緯》的解釋，八卦配一年十二月的情況是：震居東方，位在二月；巽居東南方，位在四月；離居南方，位在五月；坤居西南方，位在六月；兌居西方，位在八月；乾居西北方，位在十月；坎居北方，位十一月；艮居東北方，位在十二月。每卦主持四十五日，八卦周行一遍為一年三百六十日。而陰陽二氣就在其中消長運行。其具體過程是：陽氣從十月（亥、乾卦、西北方）開始萌生，到十二月（丑、艮卦、東北方）形成，到四月（巳、巽卦、東南方）盛壯。盛極則衰，陰氣即開始發生，到六月（未、坤卦、西南方）形成，到十一月（子、坎卦、正北方）達到極盛。陰極陽生，又讓位於陽。陰陽二氣如此消長循環，便形成了一年四時的變化。照這個說法，一年四時的變化又是由八卦決定的。

然而，《易緯》認為，陰陽之氣又是從天神太一口中吐出來的，其運行是受太一神主宰的，其變化體現著天神的意志。這樣，便將卦氣說神秘化了。不僅如此，《易緯》還把五行之氣和五常仁義禮智信，配入八卦，認為一年氣候的變化又體現了人的道德品性，又將卦氣說引向了神學目的論。

值得注意的是，《易緯》還為孟京倡導的卦氣說，提供了一種哲學的根據。按卦氣說，八卦乃至陰陽二爻的變化，體現了陰陽二氣和節氣的變化。

那麼，卦畫以至八卦又是怎麼來的呢？《易緯》探討了這個問題，提出了一個卦象起源和宇宙形成的理論，表達了漢人的世界觀。認為乾坤兩卦是八卦和六十四卦的基礎，但乾坤卦畫是有形的，「有形生於無形」，如何從無形產生？便提出了四階段說，即所謂：

> 有太易，有太初，有太始，有太素也。太易者，未見氣也。太初者，氣之始也。太始者，形之始也。太素者，質之始也。氣形質具而未離，故曰渾淪。

這是對《繫辭傳》「易有太極」一段話的解釋，認為「易」就是「太易」，指氣未產生的階段；「太極」就是太初、太始、太素三者即氣、形、質渾而未分的「渾淪」，指卦畫和天地尚未形成的狀態。從太易到太極，從無形到有形，是一個演變的過程。太易無形，變而為一，一又變為七，七又變為九，這是奇數和陽氣變化的過程。有了陽氣之數一、七、九，則成為乾卦象。太易既變出陽氣之數，又同時變出陰氣之數二、六、八，則為坤卦象。清輕的陽氣上升形成天，重濁的陰氣下降形成地。

這既是講卦畫形成的過程，又是借筮法講宇宙的形成過程，主張世界來源於渾沌未分的太極元氣。由此，便賦予「太極」以物質實體的含義，成為解釋宇宙本原的一種哲學範疇；《繫辭傳》「易有太極」章也具有了宇宙發生論的意義，對後來易學哲學的發展產生了重大影響。

同時，其將陰陽奇偶之數同陰陽二氣的變化緊密結合在一起，使筮法中的奇偶之數上升為表達氣運動變化的範疇，認為數的變化不僅可以說明節氣的變化，而且也可以說明世界從無到有的生成過程。這又為孟京卦氣說和漢易象數之學提供了理論基礎。

## 揚雄易學的新體系

既然卦氣說可以改變《周易》的結構另搞一套，那麼《周易》的體系就完全成了一個空架子，人們也就有理由完全拋開《周易》，另起爐灶，搞出一套自己的系統。西漢著名哲學家揚雄的《太玄》就是模仿《周易》另搞的一套系統。

《周易》的創作，本來與曆法沒有關係。卦氣說以《易》準曆，說明一年四時陰陽消長的變化過程，雖然改變了《周易》原有的結構，但與曆法的結合非常牽強，有些地方甚至自相矛盾。揚雄大概看到了這一點，對其大講陰陽災變，將《周易》神秘化尤為不滿，而以陰陽消長為基礎說明天道與人事，構造一個貫通天人、包含萬類的系統，在當時又非常重要，於是揚雄決心另闢蹊徑，另外創造一套符號系統，另外形成一套數的演算系統，以使與曆法的結合更為自然。

揚雄自己創造的體系稱為「太玄」。他創造了八十一個符號，叫做「八十一首」。每首相當於《周易》的一卦，分別由⚊、⚋、⚌三種基本符號按四重構成，自上而下，稱為方、州、部、家。共有三方、九州、二十七部、八十一家。三方即三玄，一方為天玄，二方為地玄，三方為人玄。八十一家即八十一首。八十一首分為九個階段，稱為「九天」，每「天」九首。每首分為九贊，相當於《易》卦的爻，共七百二十九贊。這樣，一玄、三方、九州、二十七部、八十一家及其所構成的八十一首和七百二十九贊，就形成了一個世界圖式，天道、地道、人道，無所不備，也可以稱為古代的宇宙系統論。

揚雄的《太玄》，是卦氣說的發展。他以一贊為晝、一贊為夜，二贊合為一日；每首九贊主管四日半，八十首七百二十九贊共主管三百六十四日半。這與一歲的日數三百六十五又四分之一日，尚差四分之三日，揚雄又外加「踦」、「嬴」二贊，以補足一歲的日數。用來表示一年四時的變化過程。

其八十一首的排列，取孟京卦氣說起於中孚卦，終於頤卦的順序，從中首開始，終於養首，首名的意義也同卦氣說相一致。第一首中首表示陽氣潛萌於地中，萬物將要發生；到第十三首增首，陽氣迅速增長，萬物繁長；到第三十六首強首，陽氣最盛，萬物最強大；到第四十一首應首，陽氣衰退，陰氣開始發動；到第六十九首窮首，陰氣極盛，充塞宇宙；到第七十八首將首，陰氣的使命完成，陽氣又要回復了。八十一首就是用來表示一年四季陰陽二氣消長運行，萬物興衰成亡的過程的。

揚雄著《太玄》，雖屬模擬而作，但實際上，他是以當時影響最大的，作為《五經》之首的《周易》為形式，闡發道家的自然哲學，又不失為新的創作。因此，在《太玄》經文之外，又作《玄首》、《玄測》、《玄文》、《玄摛》（lí或chí）等十一篇，相當於《周易》的《彖辭傳》、《象辭傳》、《文言傳》、《繫辭傳》等十翼，為其卦氣說提供理論上的論證，從而建立起一個自然哲學體系。

揚雄作《太玄賦》說：「觀大易之損益兮，覽老氏之倚伏。省憂喜之共門兮，察吉凶之同域……自夫物有盛衰兮，況人事之所極。」其自然哲學的主要內容，就是探討世界上一切事物發展變化的根本規律，闡發損益盈虛、禍福倚伏、厚薄相摩、二氣盛衰、物極則反的「陰陽消息」說和「因革相成」說，把對立面的相互作用和轉化，變化過程中既有繼承又有變革，看成是事物發展變化的根本法則，從而成為漢代辯證思維的主要代表。並依據此種辯證思維，提出了「玄摛萬類」的宇宙發生論，認為天地萬物的產生是一個由於陰陽二氣的相互作用，而由「玄」亦即「元氣」自身演化、自身展開的自然過程。

其具體過程是：元氣措張開陰陽，把氣發布開來，陰陽一分一合，形成天地；天地確定了各自的位置，神明之氣相通，萬物就在其中產生了。整個世界就是一個由氣緊密勾掛貫通起來的系統。這就改造了漢初黃老之學和《易緯》的氣論學說，確立了「元氣說」的理論形態，從而把《淮南子》、孟京以來的自然哲學發展到了高峰，也為卦氣說和漢易象數之學提供了哲學根據。

## 東漢經學家的象數之學

東漢後期，許多著名經師注解《周易》經傳，推崇古文經學費氏易的傳統，自此費直易學興盛起來。但他們又或多或少受到京房易學和《易緯》的影響。如高密人鄭玄（一二七—二〇〇）解經，雖屬古文經學的傳統，但又精通今文經學，以注緯書而聞名。荀爽雖不大講陰陽災變，但亦主卦氣說。虞翻既講卦氣，又闡發荀爽易學的卦變說，進一步發展了漢易中的象數之學。

鄭玄吸收揚雄、劉歆（？—二三）以及京房易學中的五行學說，用來解釋《繫辭傳》中的天地之數和大衍之數，企圖為象數之學提供一種理論上的說明。認為天地之數各有五，一二三四五為生萬物之數，配五行水火木金土，六七八九十為成萬物之數，也依次相配。僅有天奇之數，而無地偶之數，即只有陽而無陰，不能生成萬物，所以五行生數要與成數相配合，即地六配天一，地二配天七，地八配天三，地四配天九，地十配天五。這就是《繫辭傳》所說的「五位相得而各有合」。並分別配入北南東西中五個方位，表示二氣一年四時的興衰與配合。如此配合，其總數為五十五，此即《繫辭傳》所說「天地之數五十有五」。

其中五行之氣各自相並相通，則減少五個數，即成為《繫辭傳》所謂「大衍之數五十」。以揲蓍成卦而言，五十數不能得出七、八、九、六之數，所以五十又減去一，此即「其用四十有九」。此說視天地之數、大衍之數為五行之氣生成萬物的法則，以五行生成說解釋了漢易中的卦氣說，從而為象數之學作了理論上的論證，成為象數之學的內容之一。鄭玄此說，後來被稱為「五行生成說」，為易學中的圖書學派所吸收。宋代劉牧（一〇一一—一〇六四）把它以黑白點的圖式畫出來，稱為洛書，朱熹一派則稱為河圖。

荀爽解《易》，以一卦之中爻位的變化，尤其是九二爻上升居於上卦之中位，六五爻下降居於下卦之中位，解釋《周易》經傳以及易學原理，被稱為卦變說。虞翻特別推崇荀爽易學，以卦變說解釋《周易》經傳。認為《周易》六十四卦以乾坤兩卦為基礎，兩卦互相推移，則成為十二消息卦。其餘一陰一陽之卦皆由復、姤兩卦變來，二陰二陽之卦皆由臨、遁兩卦變來，三陰三陽之卦皆由泰、否兩卦變來，四陰四陽之卦皆自大壯、觀卦變來，而中孚、小過兩卦不在其列，稱為變例之卦。這樣，以乾坤兩卦為基礎，就變出了全部六十四卦。

當然，其卦變說並不限於上述形式，即使任何一卦中的兩爻互易，便可以成為另一卦象。比如坎卦䷜九二與初六爻互易，則成為屯卦䷂；艮卦䷳九三與六二互易，則成為蒙卦䷃。

除此之外，虞翻解《易》還提出了旁通說。所謂旁通，指一卦變為其對立的卦，六爻皆相反，如乾與坤、坎與離、恆與益等等；凡相反之卦，可以互相解釋。此說可能是對京房飛伏說的發展。據此，互為飛伏的兩卦不僅各自隱藏著對方的意義，而且兩者可以結合起來，對事物作出更為靈活的說明。這樣，經由卦變說和旁通說，便可從一卦引出多種卦象，將其結合在一起，盡其牽強附會之能事，解釋《周易》卦爻辭，推斷人事的吉凶。

由此可見，其卦爻象的變化帶有極大的主觀隨意性，依此占斷吉凶，也就喪失了確定的涵義，而變得迷離恍惚和難以捉摸了。但是，此種卦變說，以陰陽二爻互易及其爻位的轉化解釋《周易》經傳，以六爻相反的對立之卦的相互結合說明《周易》的原理，卻包含著一種辯證思維觀念，即以對立面的推移和轉化為事物變易的基本法則。這反映了人們對事物變化的理解和人類智慧的發展。

虞翻以卦變、旁通、互體、半象等說引出不同的卦象，再加上取象說，解釋《周易》經傳，實際上是走了一條隨意改變卦象的道路。卦象的變化如此靈活，其本身所象徵的具體物象也就沒有多少意義，而可以被棄之不用了。因此，其象徵的抽象意義就顯得突出出來，魏晉王弼派義理之學終於代替了漢代煩瑣的象數之學。

## 道教易學的先驅——《周易參同契》

《周易參同契》是東漢末年魏伯陽借用易學對古老的煉丹術所作的理論上的總結。魏伯陽可能是當時的一個隱士，所以史書上對他沒有什麼記載。據西晉思想家葛洪（二八四—三六三）《神仙傳》所說，魏伯陽是當時的煉丹家。

《周易》作為一部古老的典籍本來同煉丹術並沒有關係，煉丹術也不是來源於《周易》。魏伯陽著《參同契》，將《周易》與煉丹術聯繫起來，是要為煉丹術提供一種理論根據，借以宣揚煉丹可以成仙。所以五代時彭曉注《參同契》，說魏伯陽「謂修丹與天地造化同途，故托易傳而論之」（《周易參同契通真義序》）。而《參同契》援引《周易》，所「托」之「易象」，實際上是漢代易學中的卦氣說。

這裡所說的煉丹術，主要是指置丹砂即琉化汞和鉛於鼎爐之中，逐漸運火加溫，使之起化學反映，而結晶成金丹妙藥。因此，《參同契》又是中國化學史上的重要著作，為古代的煉丹術奠定了基礎。《參同契》不是一部內丹書，即講煉人體內精氣，有如現在人所說的氣功之書，而是外丹書。借《周易》講煉內丹，那是後來道教徒的闡發。

煉丹術並非魏伯陽的創造。早在戰國時代，就有追求長生不死的方術。齊威王、齊宣王、燕昭王都曾派人入海到蓬萊、方丈、瀛州三神山求仙尋藥。秦始皇統一天下之後，也崇拜可以服藥成仙。據說，有個仙人，名叫安期生，本是琅邪人，受學於河上丈人，賣藥於東海之濱，已經活了一千多年，當時人呼為千歲公。秦始皇派人入海求之，因為風浪太大，沒有到達就被迫回來了。

有人說在遠處望見了三神山，但是船駛過去，三神山又不見了。這些神山實際上是他們觀察到的海市蜃樓，不過是一種幻境而已。可是，方士們說三神山上面雲霧繚繞，有金銀造的宮殿樓臺，仙人居住其中，存有不死之藥。秦始皇又派徐福帶著童男童女數千人，入東海去瀛州仙山尋藥，據說飄流到日本未歸。至今，日本的和歌山與青森縣一帶還有徐福飄海的傳說。

漢武帝時，有個方士叫李少君，會祠灶卻老的方術。他去見漢武帝，說自己曾經東游海上，見過仙人安期生，安期生食巨棗，像瓜那麼大。如果煉制丹砂化為黃金，以黃金作飲食的器皿，就可以延年益壽，到那時，就會見到蓬萊的仙人，而長生不死了。還有許多方術之士，如齊少翁、公孫卿、欒大等人都受到漢武帝的寵幸。所以當時淮南王劉安召集門客著書，「又有中篇八卷，言神仙黃白之術」（《漢書・淮南王傳》）。

「黃白之術」即煉丹術。東漢王充《論衡》也說：「聞為道者，服金玉之精，食紫芝之英，食精神輕，故能神仙」（《道虛》）。「金玉之精」，即所煉的金丹妙藥。可見，漢初以來，講煉丹的方術是很流行的。魏伯陽著《參同契》，就是對以前和當時的煉丹術加以總結，並試圖給以理論的說明。

煉丹服藥，不死成仙，其思想基礎是變化的觀念。丹砂經過燒煉，可以變為黃金丹藥；藥物可以治病，使人身體強壯；服食丹藥，人就可以變得像黃金一樣

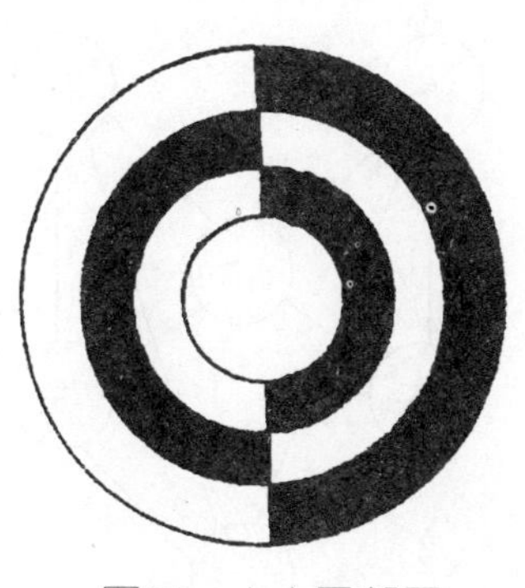

圖四　水火匡郭圖

不朽，成為神仙，長生不死。而《周易》就是講變易之道的書。因此，漢易中的陰陽消長和五行生剋的變易學說，自然就成了煉丹術的理論基礎。

《參同契》以比喻的語言，描繪了煉丹的過程。它以乾坤比喻鼎爐，鼎的上釜為乾，下釜為坤，正如《周易》中的乾坤取象天地一樣。坎離比作藥物鉛汞和水火，像《周易》中坎離取象日月一樣。加溫以後，藥物和水火二氣在鼎爐中上下運轉，翻騰變化，有如日月運行於天地之間。乾坤坎離包含了陰陽變易之道，鼎爐和藥物、水火就是煉丹的基本要素。經過一定的運火程序，陰陽交媾，雌雄相須，魂魄合抱，龍虎相吸，施精布氣，比喻鉛汞化合，融為一體，形成丹藥。這就是「坎離匡郭」或「易為坎離」。後來的道教徒據此畫了一個圖式，稱為水火匡郭圖，如圖四。

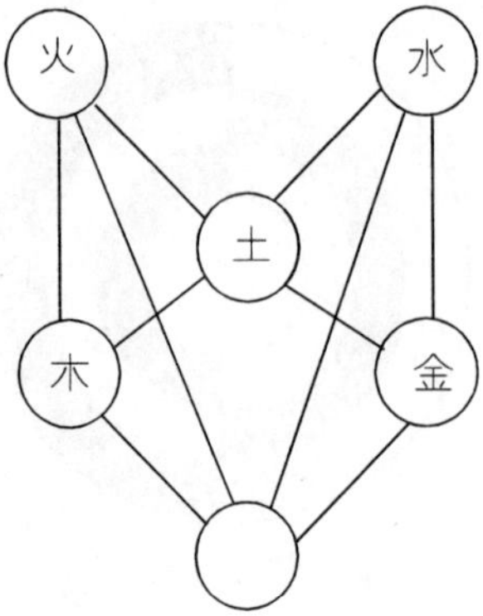

圖五　三五至精圖

這個圖式，左半為離卦，右半為坎卦，白者為陽爻，黑者為陰爻，是一個坎離相抱圖。就煉丹說，左離為青龍即汞，右坎為白虎即鉛，當中的小白圈指丹藥。成為道教煉丹的圖式之一。

《參同契》還以五行相生和相剋的關係，說明鉛、汞、丹砂和黃芽等藥物遇熱分解、化合，最後融一體，形成丹藥的過程，稱為「三物一家，都歸戊己」，「三五與一，天地至精」。「三物」指金水火或金水木，木火皆指水銀昇華；「戊己」即中央土，「五」亦指土；「一」即指丹藥。後來道教徒講煉丹，據此畫了一個圖式，叫做「三五至精圖」，成為道教的圖式之一。

據說，煉丹要「九轉成丹」，即經過九次

變化方能煉成金丹。而成丹的訣竅是如何運火，即如何掌握火候。如果火候不當，溫寒失調，就會前功盡棄。《參同契》用不同的方式說明了掌握煉丹火候的情況。它以除乾坤坎離四卦之外的六十卦納入一月三十日，晝夜各一卦，說明每日早晚用火的程序；以八卦納甲說明每月用火的規則；以十二消息卦說明一年之中隨著陰陽二氣的消長用火的情況。其中最主要的是八卦納甲說。

所謂八卦納甲，即以坎離配戊己，代表月精和日光，配入五行土居於中央。其它六子卦居於東西南北四方，分別配以甲乙丙丁庚辛壬癸，表示月亮從初明到滿月、虧缺以至月晦無光的盈虧，亦即陰陽消長的過程，用來說明每月掌握煉丹火候的程序。

具體是：初三月光初明於西方，震卦一陽始生，納庚，開始起火；初八月光生出一半，為上弦月在南方，兌卦二陽生，納丁，加大火勢；到十五日，月光盛滿，為望月在東方，乾卦用事，納甲，此時火勢應最大；十六日月光由盈始缺，見於西方，巽卦一陰始生，納辛，減弱火勢；二十三日，下弦月位於南方，艮卦用事，納丙；三十日，月光消失，晦於東方，坤卦用事，納乙，此時息火，觀察鼎中藥物變化的情況。乾坤兩卦意味著陰陽消長的始終，所以又以甲乙配壬癸，居於北方，北方無月光，表示乾消坤藏。到下月初三，月亮初明，又重新起火。照《參同契》所說，煉丹的火候要隨著每個月月亮的盈虧，即根據天象的變化加以調節。這是煉丹家實踐經驗的總結，而卦象只不過是一種標誌而已。

《參同契》此說被稱為月體納甲說。它以漢易中的卦氣說解釋煉丹術，而拋棄了陰陽災變說，標誌著漢易發展的新傾向。它認為藥物的提煉有其固有法則，與溫度的變化有其必然的聯繫。

這些法則是人不能違背的，但人只要掌握了這些法則，就可以創造奇蹟，煉出金丹。從而成為我國道教易學以至古代化學和藥物學的先驅。

# 第四章　玄學派易學的發展

魏晉時代，漢代的經學轉變為老莊玄學。許多學者提倡清靜無為和簡易，這對解釋儒家典籍起了很大影響。在這種學風的影響下，兩漢易學則轉向了以老莊玄學解易的道路，成為易學史上的一大流派。玄學派的易學是這個時期易學發展的主流。

王弼是玄學派易學的創始人。其解《易》，繼承了古文經學派解易的學風，注重義理，文字力求簡明，而拋開漢易中的象數之學，特別是今文經學和《易緯》的傳統，不講互體、卦氣、卦變、納甲和陰陽災變等等，從而創立了義理學派。他追求《周易》經傳中的抽象原則，以老莊玄學觀點解釋《周易》的卦爻辭，或通過對《周易》的解釋，引出玄學理論，將《周易》原理的理解，進一步抽象化和邏輯化，表現了其易學的理性主義特色。

晉人韓康伯（三三二—三八〇）進一步發展了王弼的易學理論，成為玄學派易學的又一代表人物。王弼注《易》，未及《繫辭傳》、《說卦傳》、《序卦傳》、《雜卦傳》等傳，韓康伯加以補注。他不僅引王弼《周易注》和《周易略例》文，而且對王弼的易學觀從易理的高度作了概括和闡發，進而將易理玄學化，使《周易》成為與《老子》、《莊子》相並列的「三玄」之一。

在南北朝時期學派和象數派易學相互爭論又相互吸取的基礎上，唐代出現了兩部總結前人和當時人易學成果的著作，一是孔穎達的《周易正義》，一是資州人李鼎祚的《周易集解》。前者採王韓二注，並對其逐句加以解釋，推崇玄學派易學。但並不墨守門戶之見，對其它流派的易學觀點也有所選擇地加以吸收，所謂「去其華而取其實」（《周易正義序》）。後者，則主要匯集漢易系統中象數派的注釋，以糾正孔疏偏重玄學之偏，理論上並無新的建樹，屬於資料性的匯編。前者偏重玄學派的義理，後者則偏重於漢代的象數之學，但從易學史上看，都具有融合兩派易學的傾向，並成為由漢易轉向宋易的橋樑。

## 從「得意而忘象」到「體神以明理」

前邊說過，王弼發揮「取義說」解釋八卦、六十四卦及其卦爻辭，有意識地排斥漢易中的象數之學。認為卦象及其所取之物象是用來表現卦義即一卦蘊涵的義理的，卦爻辭是用來說明卦象的。因此，由卦爻辭得到了卦象的內容，便可以忘掉卦爻辭；由卦象得到了卦爻之義，便可以忘掉卦象，如同捕魚捉兔，需要用筌和蹄一樣，既已捕到了魚兔，筌蹄便可以棄置不用了。這就是所謂「得意而忘象」。只要掌握了真理，就可以捨掉卦象。

相反，如果執著在卦爻象上，反而有礙於得意；執著在卦爻辭上，反而有礙於得象。所以，要想求得對卦義的真正理解，必須忘言、忘象，此即「得意在忘象，得象在忘言」。只有忘言忘象，才能把握一卦的義理，也就是說，學習《周易》，最根本的是要掌握其中所包含的真理，而不應該受到卦象和卦爻辭的約束。表現了一種理性主義的特色。

韓伯康從易理的高度對王弼此說加以概括，認為《周易》一書是「托象以明義」，八卦和六十四卦及其卦爻辭即具備天下之理，所謂「八卦備天下之理」。但僅有八卦，還不能窮盡事物的變化，所以又重為六十四卦，每卦六爻，用來象徵事物變動之理，借以說明人事治亂之義以及因時而動的功效。因此，通過《周易》就可以把握天下之理和變易之道，人們應在事象的背後探求所隱藏的義理。

追求事象深處的義理，是義理學派易學的一大特色。但韓康伯並不否認筮法中的象和數，而認為理是象數的根本。認為蓍數和爻象都是有形之物，屬於形器的領域，是用來顯示易理的，乃易理之用。只有超越於象數之外的無形的易理，才是象數賴以形成的基礎。理自身非象非數，卻又是象數的主體，所以能駕馭象數預知未來，此即「非忘象者，則無以制象；非遺數者，則無以極數」（《繫辭注》）。因此，人們對易理的把握，既不能憑借物象，也不能依靠思慮，而只能依靠神秘的智慧去體驗，這就是所謂「體神以明之，不假物象」（《繫辭注》），又將王弼的唯理論引向了直覺主義。

就理論思維的意義說，王韓此論涉及到物象同義理即現象與本質的關係問題。他們認為，本質的東西隱藏在現象之後，現象只是本質的表現形式，只有拋棄物象才能認識本質。割裂本質與現象的聯繫，要求捨棄物象去把握其本質，在理論上是錯誤的，在事實上也是不可能的。但他們看到了本質與現象的區別，認為探討本質的東西，重要的在於不能被現象所迷惑，則反映了人類認識的深化和智慧的提高。

展現在人們面前的往往是千變萬化、異彩紛呈的現象世界：風雨雷電，山川草木，鳥獸蟲魚，舟車器用；春暖秋涼，冬寒夏暑，日月出沒，地裂山崩；父慈子孝，君惠臣忠，貧富不均，貴賤殊等；鄰里不睦，兩國交兵，王朝變遷，人壽年豐。如此等等，都是極易了解，一望便知的。然而，僅僅了解了這種種現象，知道它是什麼，並不能使五穀豐登，人丁興旺，上下和諧，福壽康寧。

只有透過這些紛繁變化的現象，認識了事物的本質，把握了現象之間的內在聯繫，知道了為什麼會有這些現象，這些現象又是怎麼來的，人們才能掌握自己的命運，自由自在地生活。王、韓將本質與現象區分為不同的層次，強調「忘象求意」，即啟發引導人們去不斷追求、探索事物的本質，從而駕御紛亂雜陳的現象，以達到自由的目的。

呈現在人們面前的現象，有時還會是一些假象，虛幻的現象。例如第二次世界大戰中有名的「珍珠港事件」，日本軍國主義者在轟炸美國在太平洋最大的海、空軍基地——珍珠港前夕，又是發表聲明，又是派駐美國大使與美國人進行談判，大講「友好」、「親善」，散布「和平」煙幕，而暗地裡卻在加緊準備對美軍進行偷襲。一九四一年十二月七日，日本不宣而戰，突然襲擊珍珠港，使美國太平洋艦隊遭到毀滅性打擊。

中國有句古話，叫做「兵不厭詐」。如果不透過現象把握本質，往往會被一些假象或片面的現象所蒙蔽，上當受騙，遭大難，吃大虧。宋代著名文學家、思想家蘇東坡（一〇三六—一一〇一）有詩云：「橫看成嶺側成峰，遠近高低各不同。不識廬山真面目，只緣身在此山中。」講的就是這種情況。只有「拔開迷霧萬千重，方識廬山真面目」。王、韓告誡人們不要拘泥於物象，不要受現象所迷惑，確實是相當高明的。

## 從「一爻為主」到「眾之所歸者一」

王弼主張拋棄卦爻象，探討其中所蘊含的義理，但是一卦六爻，各爻都有其意義，那麼全卦的意義究竟如何確定？王弼提出了「一爻為主說」，即全卦的意義主要由其中的一爻之義決定。王弼在《周易略例》中，寫了《明象》一文，對「一爻為主說」作了理論上的闡述。認為卦爻辭和《彖辭傳》是通論一卦之義，並說明其由來即來於一爻為主的。

《彖》的性質就是「指明一卦之美，以統一卦之義」。為什麼「必由一爻為主」？這是因為，一卦之爻，雖然所處的時位不同，變化多端，似乎雜亂無章，但實際上有一個中心觀念，統率六爻的變化，規定其意義。只要把握了這個簡約的中心觀念，即可統率全局，做到「亂而不能惑，變而不能渝」。根據這種觀點，他作常《周易注》，常依《彖》傳文義，解釋一卦的卦義主於一爻，並在哲學上導出了「眾不能治眾，治眾者治寡」的「一以統眾」說。

韓康伯進一步發揮了王弼的一爻為主說，認為卦象和事物都是以一為宗。陽卦二陰爻一陽爻，陰卦二陽卦一陰爻，皆以其一爻者稱之為或陰或陽，因為「一者眾之所歸」。君主所以能以無為統眾，是因為「無為則一」。「天下之動，必歸乎一」，「萬變雖殊，可以執一御也」（《繫辭注》）。一雖簡約，卻可以存博、兼眾，執一則可以應萬變，這就是「眾之所歸者一」。

王、韓此說，反映了一種理論思維，即承認繁多而又變動的事物中，存在著統一性、規律性。其所謂「一」，就哲學意義說，指統率萬象使其繁而不亂的最高原則，實際上是指作為世界本體的「道」或「理」，所以說「形之所宗者道，眾之所歸者一」（《繫辭注》），「物無妄然，必由其理」（《明象》）。有形的事物總是受無形的理支配的。在他們看來，宇宙萬物變化多端，但都是受一根本的原則所支配，所以其變動並非妄動，而是有其規律性；其存在雖然千差萬別，並非雜亂無章，而是有其統一性。人們掌握了這一根本原則，就不會被複雜多端、紛繁變化的事物所迷惑。

茫茫宇宙，光怪陸離，千變萬化，沒有一個觀測的儀器，就不能認識天象；車輻貫軸，四周伸展，不向中心會集，就不能輪轉；千條江河，奔騰萬裡，最終總要歸入大海。行軍作戰，沒有統一的指揮，各行其事，互不協調，就有全軍覆沒的危險；鐵路運輸，沒有統一的調度，就不能暢通無阻；即使一個家庭，沒有統一的意志，也不能長期維持。

中國幾千年的歷史，何時分裂，就兵戈四起，社會動亂，停滯不前；何時統一，就社會穩定，經濟繁榮，文化發展。就是現代美國這樣的所謂「民主國家」，三權分立，多黨競爭，其重大決策也還是總統一個人最後說了算。王韓揭示了事物具有統一性這一客觀規律，對於人們認識世界，處理日常生活以及社會事務，具有重要的指導意義。

風雨博施，陰陽大化；高岸為谷，深谷為陵；四時更迭，社會變遷。從自然界到人類社會，無時無刻不在運動變化。但運動有其規律性所支配，「統之有宗，會之有元」，「眾之所以得咸運者，原必無二」（《明象》），所以繁而不亂。人們掌握了天時變化和良種培育、作物生長的規律，可以大面積提高糧食產量，豐衣足食；掌握了天體運動及其力學規律，則可以發射衛星上天，開始征服宇宙；掌握了國際風雲變幻和經濟發展的規律，就可以為世界的和平與發展作出更大貢獻。總之，掌握了事物發展變化的規律，就可以不被複雜多變的現象所迷惑，執一以應萬變，獲得更大的自由。這是王弼、韓康伯「一以統眾」說為人類提供的又一智慧。

王韓此說，在易學史和哲學史上也有重要意義。由於他們從事物存在的角度，尋求其所以存在的根據，所謂「眾之所以得咸存者，主必致一也」（《明象》），這就把兩漢以來的易學哲學問題，從宇宙發生論引向了本體論即存在論的探討。這是玄學派易學的一大貢獻。

## 「通變」與「適時」

卦爻象與卦爻辭之間本來沒有邏輯上的必然聯繫，可是王弼追求卦爻的統一性，提出「一爻為主」、「一以統眾」說，認為一卦之義主於一爻。那麼，其中相矛盾的說法又如何解釋？王弼寫了《明爻通變》一文，提出爻變說，認為爻的性質在於變通，其變動沒有固定的形式，所以爻義也變動不居，神妙莫測。其中作了三個方面的說明：說明之一叫做「合散屈伸，與體相乖」，即爻義的變化有合有散，有屈有伸，有時與卦義相違背。如歸妹卦震上兌下，震為動，兌為悅，其卦體即卦義為「悅而動」。可是九四爻辭卻說：「歸妹愆期，遲歸有時」。嫁妹推遲了時間，要靜待婚期的到來。此即「體與情反，質與願違」。說明之二叫做「睽其類，異而知其通」，即剛柔二爻雖異，但有時又相通互濟。如恆卦震上巽下，震剛巽柔，剛柔相應，合為一體。陰陽雖異類，卻可以相輔相成。此即「同舟而濟，則胡越何患乎二心」。說明之三叫做「相感相追，相攻相推」，剛柔二爻既相吸引又相排斥。如睽卦六三爻與上九爻相應，雖遠而互相追求；同人卦六二爻與九五爻有應，可是九三和九四爻也都追求六二，結果相互攻擊。此即「遠近相追，愛惡相攻」。

總之，由於剛柔二爻變化多端，所以《周易》的法則可以範圍天地之化而不遺，貫通晝夜，包含陰陽。

爻義為什麼變動不居，難以推度？王弼繼承了《易傳》的趨時說，認為是由於卦爻適時而變，所處的時機各異，因而其吉凶之義也就不同。他又寫了《明卦適變通爻》一文，說明這一思想。爻的特點在於變，而變又總是同時、位聯繫在一起的。卦辭因時而異，爻辭也依時而變，適時則吉，失時則凶。所以說「卦者時也，爻者適時之變者也」。

所謂適時，即某卦的某爻所處的分位，分位不同，所遇的時間也就有異。如陽居陰位，即處不當位之時；剛柔各據初、四之位，即處有應之時；剛居於柔上，即處於承乘之時；或居中位，或居初上終始之位，或居內卦、外卦上下之體，其適時的情況也各不相同。總之，卦因時推移，其義無常；爻亦隨時而異，處事並無定軌，此即「動靜屈伸，唯變所適」。卦爻之義因時而變，人們的活動也應因時位而不同，採取不同的措施。

此種通變適時說，主張剛柔二爻變易無常，卦爻之義也因時位而變，不固守某種既定的格式，進一步闡發了《易傳》中的辯證思維。但他以此為《周易》的體例，解釋卦爻辭的吉凶，有時並不能自圓其說，便加以牽強附會。這些說法或解釋，與其說是深刻的，不如說是機智的。這又一次證明，卦爻象與卦爻辭之間本無必然的聯繫。

# 自然無為與神化學說

王弼以義理解《易》，追求卦爻辭背後的義理，進而又以老莊玄學觀點解《易》，認為「自然無為」是《周易》最高的美德。

自然無為的原則之一是因循自然，不妄加損益。天地萬物，各有其性。火向高處燒，水往低處流；草木土中長，魚鱗水裡游；兩翼者高飛，四足者決驟；車在陸上行，船在江中走。順之則成功，逆之則敗傷。短者不為不足，長者不為有餘；鳧足雖短，續之則憂，鶴頸雖長，截之則悲。所以說：「萬物皆以自然為性，故可因而不可為也，可通而不可執也。」（《老子注》二十九章）必須因循自然，不能妄加損益。這種觀點，啟迪人們要新尊重客觀環境、客觀條件、客觀規律，避免根據主觀意願行事。

傳說南海之帝名叫「倏」，北海之帝名叫「忽」，中央之帝名叫「渾沌」。倏和忽關係很密切，經常往來。每次經過渾沌那裡，渾沌總是熱情款待。有一天倏與忽在一起商量怎樣好好報答渾沌一番。倏說：「送最名貴的禮物，也不足以報答他的恩德啊！」他們感到很為難。過了好半天，忽高興地叫道：「有了！你不見人人身上都有七竅嗎？這七竅是看書、聽唱、呼吸、吃飯少不了的，獨獨渾沌身上沒有，一定很不舒服，我們幫他鑿出來吧！」倏聽了，也拍手叫好。於是他們第二天帶著鐵錘、鋼鑿，又來到中央之地，道謝一番，就按著渾沌的頭，開始認真地敲打起來。兩人工作得氣喘吁吁、汗流浹背，每天鑿出一個孔。一連工作了七天，總算大功告成了，誰知低頭仔細一看，渾沌早就死了。

這同宋人揠苗助長一樣，是不按照客觀規律辦事，憑借主觀願望妄加損益，破壞自然的可怕後果。

其原則之二是任賢使能，少加干預。君王處於尊位，「不忌剛長而能任之，委物以能而不犯焉，則聰明者竭其視聽，知力者盡其謀能，不為而成，不行而至矣」（《周易注‧臨卦》）。就可以收到無為而無不為效果。「不犯」，就是不加干預。聯繫到現在轉變政府職能、轉換經營機制的實際情況，這個原則似乎更具有現實意義。

其原則之三是任其自然發展，少去折騰。「改革創新，變道已成，功成則事損，事損則無為，故居則正而吉，征則躁擾而凶也。」（《周易注‧革卦》）創業改制之後，應該無為而治，不再躁擾，「任其自然而物自生，不假修營而功自成」（《周易注‧坤卦》）。《老子》有句千古名言，叫做「治大國若烹小鮮」。靜則全物之真，躁則犯物之性。烹煮小魚，不能亂攪亂翻，翻攪則魚碎爛；治理國家，不能胡亂折騰，折騰則國亂民傷。這就是所謂「躁擾而凶」。在這方面，我們的教訓已經夠慘痛了。

韓康伯引王弼的自然無為說，解釋卦爻的變化和事物變化的原因，提出了「言變化則稱乎神」的神化學說。認為八卦的運動、變化、推移，以及雷疾風行、火炎水潤的變化，沒有使之然者，即自然而然，「莫不自然相與為變化，故能既成萬物」（《說卦注》）。「變化之道，不為而自然」，不知其所以然而然，所以稱為「神」。「神」即萬物的變化的根源，萬物有形有象，神無形象可言，所以又叫做「陰陽不測」。天地萬物變化的原因和動力神妙莫測，所以說，「言變化則稱乎神」。那麼，天地萬物又是如何產生，如何變化的?韓康伯則引西晉玄學名士郭象（?—三一二）《莊子注》的獨化學說加以解釋，所謂「莫不獨化於太虛，欻爾而自造矣」。萬物都是在那裡突然自生，突然自化，既不依人的主觀意志為轉移，也不受任何造物主的支配，此即「造之非我」、「化之無主」；而是按照自身固有的本性運動變化，此即「理自玄應」，「數自冥運」

（以上見《繫辭注》）。

懂得了「獨化」道理的人，無思無慮，不去追求什麼所以然，其精神境界就可以坐忘遺照，淡然自若，與萬物的變化合為一體。此神化學說，企圖將郭象的崇有論中的某些觀點，與王弼貴無論結合起來，解釋《周易》中的「神」範疇，又將易學進一步玄學化了。

## 動息則靜

「自然無為」說反映在動靜觀上，王弼則提出了「動息則靜」的命題，以「寂然大靜」為天地之心，萬物運動變化的根本。他在注《彖辭傳》「復卦」時說：復卦的卦義，是講天地萬物的運動變化復歸於靜止。之所以如此，是因為「動息則靜」，運動總有靜止的時候，說話總有沉默的時候，靜止並不是來於運動，沉默也不是來於說話，有靜止方有運動，運動終歸於靜止。天地雖大，富有萬物，雷動風行，運化萬變，寂然至無，是其根本。寂然大靜，方是天地之心。天地萬物復歸於虛靜，即以至無或寂然大靜為心，彼此就可以相安無事。否則，「以有為心」，即不能歸於虛靜，結果在運動變化之中相互爭奪，便不能共存了，此即「異類未獲俱存矣」。

此種學說，借《周易》宣揚《老子》「歸根曰靜」的觀點，把靜止看成是絕對的，是一種錯誤的理論。但認為運動總有靜止之時，把運動和靜止相互聯繫起來加以考察，重視靜止在運動中的作用，則具有啟發意義。運動和靜止總是相互依存的，沒有運動，就沒有靜止，沒有靜止，也就無所謂運動。相對靜止是運動的一種特殊狀態。沒有相對的靜止，事物就不成其為事物，人們也不可能認識事物的性質，從而把握事物，就什麼事情也做不成。

一個人如果心不寧靜，爭名逐利，欲壑難填，那麼，他心理上就總是感到不平衡，就不可能有愉快和幸福可言，更不能做出一番事業，對人類有所貢獻。所以蜀相諸葛亮（一八一—二三四）臨死前給他的兒子寫了一幅對聯，叫做「非淡泊無以明志，非寧靜無以致遠」。這與王弼所論是何等的相似。

一個君王或國家的領導者，如果不以虛靜為心，總想擴張國土，囤積財物，貪得無厭，享樂無度，那麼，就勢必造成兵戈不斷，連年征戰，民不聊生，國無寧日，最後落得個國破家亡，死有餘辜的下場。秦始皇掃六合，併天下，可謂稱雄一世。但他統一天下之後，不知以虛靜為心，安定天下，卻發民戍邊築城，造陵墓，修皇宮，嚴刑峻罰，暴虐成性，焚書坑儒，尋藥求仙，結果二世而亡。

漢代秦立，清靜無為，蕭規曹隨，與民生息，出現了「文景之治」的繁榮局面，為四百年大業奠定了根基。所以王弼鼓吹：「聖王雖大，以虛為主」，「息亂以靜，守靜以候」。

一個國家如果沒有一個安定團結的局面，上下相惡，朋黨相殘，你爭我奪，奸詐不斷，今天一個運動，明天一個鬥爭，那麼，就不能集中精力發展生產，做好經濟建設，使百姓安居樂業，達到國富民強。所以王弼以虛靜為恆久的治國之道，所謂「靜者，可久之道者也」（《周易注・恆卦》）。

## 「以無為本」的太極觀

透過對《周易》太極觀的解釋，王弼最終引出了他玄學哲學的世界觀，完成了「以無為本」的思想體系。他提倡「忘象以求意」，追求現象深處的義理。而在他看來，最高的義理不是別的什麼東西，正是「無」。他主張「一以統眾」，而萬物何以歸一？由於一就是「無」。所謂「萬物萬形，其歸一也。何由致一？由於無也」（《老子注》四十二章）。他推崇的「自然無為」、「動息則靜」

說，也無一不體現著「以無為本」的思想。

前面說到，王弼在強調超越動靜、語默的絕對靜止的時候，已經把「無」作為「天地之心」，萬物之本了。「天地萬物，運化萬變，寂然至無，是其本矣。」因其無，才有萬象的存在，無是現象世界的根本。

王弼解釋《繫辭傳》「大衍之數五十，其用四十有九」說：

> 演天地之數，所賴者五十也。其用四十有九，則其一不用也。不用而用以之通，非數而數以之成，斯易之太極也。四十有九，數之極也。夫無不可以無明，必因於有。故常於有物之極，而必明其所由之宗也。

這是以其一不用之「一」為太極。太極的內容是「不用」、「非數」，所以又叫做「無」。但它又是四十九之所以成為數並發揮作用，從而得出七、八、九、六之數的根據，此即「不用而用以之通，非數而數以之成」。「數之極」，指揲蓍求卦只能以四十九數為其極限。數有形象，所以稱為「有」，象徵天地間一個個的具體事物。「無」作為世界的本原，不能用「無」來說明，必須憑借有形有象的具體事物顯示其成就萬有的功用，如同筮法中的「一」，總是通過四十九根蓍草及其數目的變化來顯示自己的作用一樣，這就是「無不可以無明，必因於有」。所以，要在個體事物的極限處，指明個體事物的由來及其賴以存在的根據。後來，韓康伯對此又加以發揮，明確肯定「太極」為無，所謂「太極者，無之稱」，而天地萬物是有，有生於無，有依賴於無。這樣，由其太極觀，就建立起了玄學派易學「天地萬物以無為本」的本體論思想體系。

韓康伯在《繫辭傳》注中，還透過對「一陰一陽之謂道」的解釋，進一步闡發了這種理論。他認為，道無形無象，寂然無體，乃「無」的一種稱謂，卻是有形有象的器物（包括陰陽卦爻和陰陽之氣在內）的根源。因為道無形象，處於陰陽的領域而無陰象，處於陽的領域亦無陽象，可是陰陽依靠道而成形成象，這就是他所說的「在陰為無陰，陰以之生；在陽為無陽，陽以之成」。也就是《繫辭傳》所謂「一陰一陽之謂道」。

照此說法，「一陰一陽」並非又陰又陽，而是既無陰，又無陽，這就是道。道作為虛無實體，不僅是一切有形之物的根本，也是陰陽二氣賴以存在的根據。這就進一步宣揚了王弼「無也者，開物成務，無往而不存者也。陰陽恃以化生，萬物恃以成形」（《晉書・王衍傳》）的玄學理論，從而完成了易學中「以無為本」的思想體系。

## 孔疏對王弼派易學的闡發

適應唐代政治穩定、經濟繁榮的新形勢，為在思想上加強對人民的控制，孔穎達奉唐太宗之命，主編《五經正義》，對東漢魏晉南北朝以來的各派經師的注釋，進行了一次大總結，統一各家的說法，作為官方頒布的教科書。其中《周易正義》繼承隋朝推尊王學的傳統，採納王弼和韓康伯注，並對二注逐句加以解釋和闡發，被稱為「孔疏」。但它並不唯王、韓之說是從，而是對各家的易學皆有所吸取和肯定，對王學進行了一番修正和改造。

孔疏不滿意王弼派易學鄙視取象的偏見，所以，其對《周易》體例的理解和對卦爻辭的解釋，既採王弼的取義說，不講或很少講互體、卦變、納甲等，又主漢易的取象說，企圖將二者結合起來，以糾王學之偏。孔疏提出：「不可定為一體」（《正義・象傳》），「不可一例求之，不可一類取之」（《正義・乾》），反對將《周易》的體例單一化、絕對化。認為卦名來於取象，但所取之象不一，或取之於物象，或取之於物象的作用或性質，或取之於人事，擬或取之於爻位，其中既有實象，也有假象。而卦象就是對萬物自然之象的模寫。

取象說乃《周易》的重要體例，與取義說可以並行不悖，相互補充。這是對王學的一種修正，表現了綜合象數和義理兩大流派的傾向。

由於在體例問題上融合兩派觀點，在易學哲學問題上，則以物象和義理相統一的觀點，解釋八卦和六十四卦的形成。認為八卦模擬自然物象，重為六十四卦亦模擬萬物之象，同時又用來顯示萬物變通之理。並提出體用範疇，解釋物象和義理的關係，即以象為體，以理為用。例如有天之體，則有剛之用；有地之體，則有柔之用。因為事物有體有用，所以八卦和六十四卦既備事物之體，又備事物之用；既備事物之象，又備事物之理。也就是說，物象乃義理的基礎，卦義出於卦象。這種觀點，顯然是對王弼派「象生於意」，「得意而忘象」，「非忘象則無以制象」說的一種揚棄。

更為突出的是，孔疏繼承和發揮了漢易的元氣說，以陰陽二氣解釋《周易》原理，視其為天地萬物形成和變化的本原，提出了一個以氣為核心的世界觀，力圖揚棄王弼派「以無為本」的理論體系。這首先表現在關於「太極」範疇的解釋上。

「太極」是易學中的一個十分重要的範疇。自兩漢以來，或以太極為元氣，或以太極為北極星神，或以太極為虛無實體，或以太極為天地，眾說紛紜，爭論不休。孔疏通過對《繫辭傳》「大衍之數」章和「易有太極」章的解釋，也討論了這個問題。就筮法說，孔疏以四十九根蓍草合而未分為太極；就哲學說，則以「天地未分之前，元氣混而為一」為太極，認為此混元之氣分化，即有天地；天地生出金木水火，主管一年四季，並配以八卦，此即《繫辭傳》所說的「易有太極，是生兩儀；兩儀生四象，四象生八卦」。這就否定了王弼、韓康伯以太極為虛無實體的學說，同時也揚棄了《易緯》以太極為神和太極之前有一個虛無的「太易」說，從而使漢易中講的太極元氣具有了明確的原初物質的涵義。這是孔疏解易的一個貢獻。

其次是對「道」、「器」範疇的理解。孔疏認為，凡有形的東西都可以稱為器，凡是無形的東西都可以叫做道。器有形象，所以又稱為「有」；道無形，所以又叫做「無」。但其無形，又包括尚未成形在內，凡未具備形質的東西也屬於道的領域。如陰陽二氣及其變化的法則，尚未成形，無形可見，相對於卦爻象而言，也可以稱之為「無」，屬於形而上的道。這是對「無」的涵義的新的理解。

道與器究竟是什麼關係？孔疏認為，雖然「凡有從無而生，形由道而立」，先有形而上的道，後有形而下的器，器依賴於道，有道方有器；但道為體，器為用，所謂「以無言之，存乎道體；以有言之，存乎器用」，體用相互聯繫，不能脫離器用，空談道體，不能脫離國計民生的實際事業，空談易道易理。

這樣，就借玄學派「有生於無」的觀點，論證了陰陽二氣乃《周易》的根本原理，並由此提出了以氣為核心的世界觀，認為氣無形質，卻是一切有形事物的本原。此種道器觀，也顯然是對王弼派易學的一種改造。

在韓康伯看來，陰陽為氣，無形而有象，稱之為「氣象」，屬於形器即有的領域，是虛無實體派生的東西，不能叫做道。而只有超乎形象之上的道，才是一切有形之物的本原。

再次，就是對「一陰一陽之謂道」這一命題所作的新解釋。道稱為無，陰陽二氣沒有形質，亦屬於道的領域，那麼，道和陰陽究竟是什麼關係？孔疏以「自然無為」說解釋道，認為道並非某種實體，而只是對陰陽二氣的自然無為性質的一種稱謂，這就是「無陰無陽乃謂之道」，用來解釋「一陰一陽之謂道」。一所以稱為無，因為無是虛無，表示太虛不可分割，沒有彼此的差別。無就是自然而然無所作為。因此，它既不能造作陰，也不能造作陽。陰陽二氣只是自然而有，不被創造，其生成萬物也無所作為。這種品德或法則，就稱之為道。所以說無陰無陽就叫做道。

王弼派所講的「一」、「無」、「道」、「神」、「易」、「虛無」等觀念，也不過是自然無為性質的不同稱號。但它們作為陰陽二氣存在和生成萬物的屬性，不等於陰陽，也離不開陰陽。這種對「一陰一陽之謂道」的新解釋，肯定了陰陽二氣的永恆性，拋棄了以「道」或「無」為虛無實體的觀念，使王弼派的易學逐漸從貴無論中擺脫出來。

總起來說，孔疏力求將義理和象數兩大流派調合起來，從而對玄學派的易學理論進行了種種修正和改造，作了新的解釋，重新肯定並發展了漢易中的元氣說和陰陽二氣說，宣揚了以陰陽二氣為核心的世界觀。這是孔疏對漢唐易學的一大貢獻，對唐宋時期易學及其哲學的發展起了重要影響，成為由漢易向宋易過渡的橋樑。

# 第五章　兩宋易學的興盛

唐代後期，由於佛道二教流行，造成了許多難以彌補的社會弊端，唐文學家、哲學家韓愈（七六八—八二四）、李翱（七七二—八四一）等人極力推行排佛運動，宣揚儒家學說，企圖恢復儒家的正統地位。宋王朝建立以後，適應強化中央集權統治的需要，在思想文化領域，又掀起了復興儒家學說的熱潮。

一大批學者繼韓愈之後，大講尊王排佛，重新整理、注釋、講解儒家經典，宣揚周孔之道，被後人稱為新儒家。從此，漢唐經學轉入了宋學時期。宋學以復興周孔之道為己任，又被稱為「道學」。

與此同相適應，古代易學的發展也進入了一個新的階段，被稱為宋易時期，宋易是就其形態說的，並不限於兩宋，其解易的風氣一直延續到清初，兩宋則是宋易形成並逐步興盛的時期。

宋學的特徵之一，是以《六經》為載道之具，所以對儒家經典的解釋，也注重探討和闡發其中的義理，而不重視文字訓詁方面的考證。此種學風，對宋易影響很大。因經以明道，或明道以知經，強調研究《周易》經傳中的哲理，或者通過對《周易》經傳的解釋，闡發自己的哲學體系，將《周易》原理高度哲理化，就構成了宋易的重要特徵之一。

宋明道學中的五大流派，即理學派、數學派、氣學派、心學派和功利學派，都是同易學理論結合在一起的。

據《宋史・藝文志》著錄，北宋解《易》的著作有六十多家。其中有著名的哲學家和思想家，也有著名的文學家和歷史學家。但從現在流傳下來的著述看，仍然可以分為象數學派和義理學派。

象數學派的倡導者，始於北宋初年的隱士陳摶（？—九八九）。據說陳摶的易學有兩個方面，一方面是「數學」，另一方面是「象學」。他把數學傳給了北宋文學家穆修（九七九—一〇三二），把象學傳給了種放，以後又傳至劉牧和北宋北海人李之才（？—一〇四五）。劉牧推崇《河圖》、《洛書》，李之才則宣揚卦變說。後來又傳給了北宋道州人周敦頤（一〇一七—一〇七三）和邵雍，周敦頤著重講象，提出了太極圖說；邵雍著重講數，提出了先天易學，被稱為數學派。他們除繼承漢唐易學以象數解易的學風之外，比較突出的是，提出各種圖式解釋《周易》原理，又被稱為圖書之學，成為宋代學術中的一大思潮。

義理學派的倡導者，大概出於儒者胡瑗（九九三—一〇五九）。胡瑗教授於蘇州、湖州，後來又主持太學，著有《周易口義》，與孫復、石介一起被稱為宋初三先生。其後傳至程頤。與程頤同時的張載亦屬於義理學派，但又不同於程氏易學。程頤偏重於取義，形成了理學派的易學體系；張載則偏重於取象，創立了氣學派的易學體系，同邵雍的數學成為鼎足之勢。

南宋時期，程氏易學成為易學發展的主流。《程氏易傳》「散滿天下，家置而人有之」（《朱子語類》卷九十三），是知識界的必讀之書。即使象數之學，也是通過程朱學派中的人物得到傳播和發展的。如程頤的再傳弟子朱震對象數之學的整理，朱熹的好友和學生蔡元定及其子蔡沉對《河圖》、《洛書》學說的闡發。而傳邵氏易學，或解說其圖式，或流為術數，在理論上皆無建樹。

作為義理之學代表人物的楊萬里（一一二七—一二〇六），其《誠齋易傳》發明程氏易學，卻又深受張載易學的影響。表現了一種象數學派和義理學派相互吸取和相互影響的傾向。由於道學內部分化為理學和心學兩大流派，其對易學原理的解釋，也分化為理學派易學和心學派易學，前者以朱熹為代表，後者以南宋哲學家楊簡（一一四一—一二二五）為代表。

朱熹站在理學派的立場，兼取義理和象數兩派，集諸儒之大成，對北宋以來的易學及其哲學的發展，進行了一次總結，從而完成了建立理學派易學體系的任務。此外，還有以薛季宣和葉適為代表的功利學派的易學，既批判象數之學，特別是河洛之學，又批評義理派的易學觀，在易學史上可謂獨樹一幟，但就其總的傾向說，亦屬於義理學派。

## 黑白點《河圖》、《洛書》的流行

根據現有的史料，河圖一詞的出現，最早是在《尚書·顧命》篇，其中說：

> 越玉五重：陳寶、赤刀、大訓、弘璧、琬琰，在西序；大玉、夷玉、天球、河圖，在東序。

這是說，周康王登基大典時，殿堂內陳列著五組玉製的禮器，赤刀、大訓等放在西側；大玉、夷玉等放在東側。河圖同玉器並列，也是寶器的一種。據後人注解，赤刀是塗成金色的玉刀，大訓是刻上先王訓條的玉器。那麼，可以推測，河圖當是刻上圖形的玉器。至於圖是什麼樣子，就無從推知了。按鄭玄注，「河圖」之下有「洛書」二字。據此，關於河圖、洛書的記載，最初在《尚書》中就有了。它們大概是作為一種文物成為帝王傳位的寶器。

《論語・子罕》篇記載，孔子曾慨嘆說：

鳳鳥不至，河不出圖，吾已矣夫！

這是說，鳳鳥沒有飛來，黃河裡也沒有出現圖，我的事業就要沒有希望了。這是認為，河圖是一種祥瑞現象。

《墨子・非攻》中亦記載：

赤鳥銜珪，降周之岐社，曰：「天命周文王伐殷有國。」秦顛來賓，河出綠圖，地出乘黃。

赤烏，亦即鳳烏。綠圖，即篆圖，帶有文字說明的圖。意思是說，周文王的時候，一隻鳳烏叼著一塊珪，落到周侯祭祀社神的廟堂上，上面寫著：上帝命周文王討伐殷商，統治全國。這時，殷朝的賢臣秦顛來投奔，黃河裡出了帶文字的圖，地上出了乘黃馬。這也是以河圖為帝王受命為王的象徵。所以《管子・小匡》稱「河出圖，洛出書，地出乘黃」，是過去人主受命的「三祥」。但是，河圖、洛書同《周易》並沒有什麼關係。

直到戰國時期成書的《易傳》，大概接受了上述說法，才說：「河出圖，洛出書，聖人則之。」（《繫辭上傳》）開始把河圖洛書同《周易》聯繫起來。但《繫辭傳》並沒有具體說明：河圖洛書究竟是什麼東西，「聖人則之」又去幹什麼。

大約和《易傳》同時的《竹書紀年》記載：「黃帝五十年，大霧三日三夜，龍圖出河。」《帝王世紀》又說：「河出龍圖，洛出龜書。」據說，龍圖是黃河龍馬馱著的圖，龜書是洛水神龜背上的書。這裡，河圖、洛書又變成了龍圖和龜書。

一直到西漢末年，揚雄才把河圖、洛書視為《周易》的來源。他曾作《核靈賦》，其中說：「大易之始，河序龍馬，洛貢龜書。」他的朋友劉歆則進一步以八卦解釋河圖，以《洪範》解釋洛書，所謂「伏羲氏繼天而王，受河圖，則而畫之，八卦是也。禹治洪水，賜洛書，法而陳之，《洪範》是也」（《漢書・五行傳》）。在易學史上明確地說根據河圖畫八卦，這是第一次。然而，河圖本身是個什麼樣子，劉歆還是沒有講出來。

同時或稍後，緯書流行，造緯者吸收了揚雄、劉歆的說法，編造了許多關於河圖、洛書的神話。鄭玄注《春秋緯》說：「河以通乾出天苞，洛以流坤吐地符。河龍圖發，洛龜書成。《河圖》有九篇，《洛書》有六篇。」在鄭玄看來，《河圖》、《洛書》又成了兩種書籍，並以《周易》中的九、六之數說明河洛同《周易》的關係。

以上這些，就是漢代和漢代以前人所說的河圖、洛書。但他們並沒有拿出一個什麼圖，什麼書來，說這就是河圖，這就是洛書；也沒有指出它們同卦象是什麼關係。後來，魏晉隋唐的易學家們，也沒有具體的說明，更沒有用圖式加以解說。一直到宋初的象數學派，方為河圖洛書制定了黑白點的圖式，用以說明《周易》的原理，從而形成了圖書學派。

宋初隱士陳摶繼承道教解易的學風，提出一些圖式，用以代替文字解說《周易》。據傳，他著有《龍圖易》，龍圖三變成為龍馬負圖之形，可以變出兩個圖式，即五行生成圖和九宮圖（參見第三章），但都稱為「龍圖」。劉牧傳陳摶易學，作《易數鉤隱圖》，則對這兩種圖式加以區別，稱五行生成圖為《洛書》，九宮圖為《河圖》，並以黑白點（白點表示奇數，黑點表示偶數）的圖式表示，創立了河洛之學。錄其圖式如圖六和圖七。

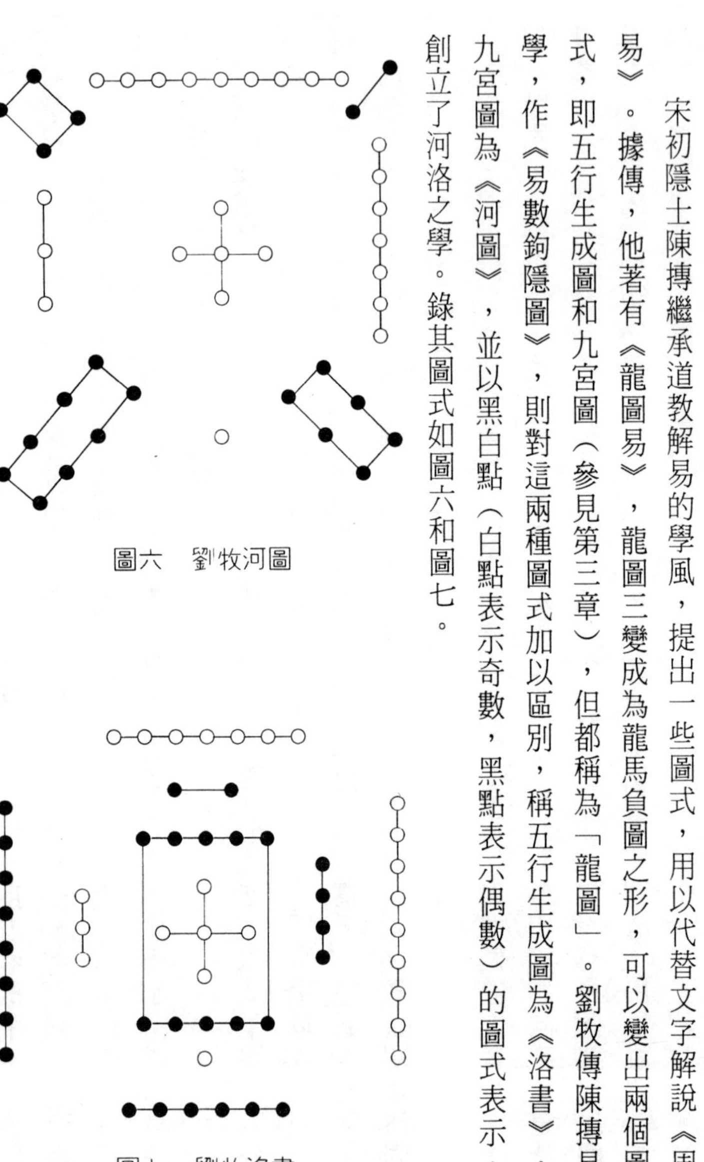

圖六　劉牧河圖

圖七　劉牧洛書

劉牧提出《河圖》、《洛書》圖式，目的在於說明八卦之象的來源。卦象究竟是怎麼來的？自《周易》產生以來，一直吸引著人們去進行追根溯源的探討。

從春秋戰國時期開始，人們普認為卦象是物象的象徵，卦象是模擬自然界的各物象畫出來的。漢代人則把這種取象說發展到了極端。即使是數，他們也用物象加以說明，如「大衍之數五十」，京房說五十是十日、十二辰、二十八宿，馬融說是太極、兩儀、日月、四時、五行、十二月、二十四節氣，荀爽說是八卦的四十八爻加上乾坤二用爻。王弼玄學派易學反對漢易的煩瑣學風，排斥取象說，主張取義，但不大講卦象來源問題。那麼，這個問題到底如何解決？大概反漢易數之學的路子而行，劉牧就找到了數。

劉牧認為，卦象是由數產生的，沒有數，《周易》卦象就失去了來源。這就是他所說的「形由象生，象由數設。舍其數，則無以見四象所由之宗」。所以，研究易數非常重要。而易數諸如天地之數、大衍之數、五行生成之數都包含在《河圖》、《洛書》之中，其數目的排列和組合，便得出四象和八卦。因此，他的易學著作稱為《易數鉤隱圖》。

他認為，《河圖》之數的排列是：「戴九履一，左三右七，二與四為肩，六與八為足，五為腹心。」（《易數鉤隱圖》）縱橫數之其和皆為十五，合於天地自然之數，並非後人所能偽造冒充的。此九宮所處的方位，也是五行生數和成數所處的方位，即一三七九陽數，分居四正位，九南一北，三東七西；二四六八陰數，分居四隅之位，二居西南，四居東南，六居西北，八居東北；五居中央。四正之數與四隅之數相配，即一六為水，二七為火，三八為木，四九為金，其中五配十為土。劉牧說，八卦就是由《河圖》中的五行生成之數而來，「天一生坎，地二生離，天三處震，地四居兌」（同上），但是孤陰不生，獨陽不發，所以各配以五行成數，則生乾、巽、艮、坤，共成八卦。

這是用《河圖》中包含的五行之數說明八卦的來源。那麼，為什麼還要講《洛書》呢？劉牧說，雖然河洛二圖式皆體現了天地自然之數，但《河圖》之數的四十五，中央土十之數畢竟未畫出來，表示有其象而未成形；《洛書》之數為五十五，中五配土十之數，表示已成其形。《河圖》示其象，《洛書》陳其形，意味著卦象以及萬物的形成從微到著，由象到形，所以二者缺一不可。

由此看來，劉牧創造黑白點《河圖》、《洛書》，是企圖將漢易中的九宮說、五行說和《周易》的天地之數、大衍之數結合起來，以五行生成說說明《周易》的原理，從而提出一個世界圖式，用來解釋世界的形成和結構，此外並無更多的內容。至於說《河圖》是上古時代黃河流域的雨量分布圖，《洛書》是游牧時代的羅盤方位圖，那只是現代人的比附而已。說這個發現是個人的體會和心得，未嘗不可；說它破譯了千古河洛之迷，則未免有風馬牛不相及之嫌。

劉牧的《河圖》、《洛書》學說，當時就有人反對，這就是北宋道安人阮逸。阮逸與劉牧同時，他反對劉牧的說法，又不好直說，於是就偽造了一個《關朗易傳》。其中說：「《河圖》之文，七前六後，八左九右」；「《洛書》之文，九前一後，三左七右，四前左，二前右，八後左，六後右」。照此說法，五行生成圖為《河圖》，九宮圖為《洛書》，以此與劉牧說相對抗。

關朗字子明，是北魏時人。阮逸說王通的易學就來於關朗。王通是隋唐之際著名的儒家學者，唐代不少將相都是他的學生，名氣很大。既然劉牧所說的河洛圖式與關朗不同，當然就是錯誤的。

南宋人蔡元定（一一三五—一一九八）在朱熹的支持下作《易學啟蒙》，就是根據偽《關朗易傳》畫了《河圖》、《洛書》，並指責劉牧「易置圖書，並無明驗」，掉換了兩圖的名稱，卻沒有證據。其實，是阮逸為了對抗劉牧，才改掉了兩圖之名。但是，蔡氏所定的河洛圖式，由於以朱熹的名義載於《啟蒙》和《周易本義》中，遂成為南宋以來流行的說法。現將《啟蒙》所定《河圖》、《洛書》示之於下，如圖八、圖九。

河圖

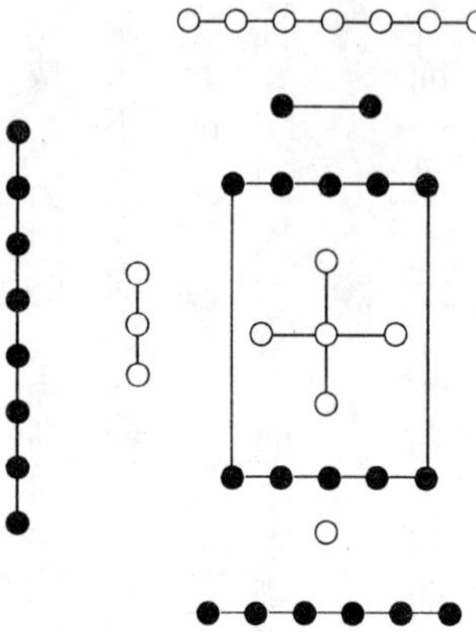

圖八　河圖

洛書

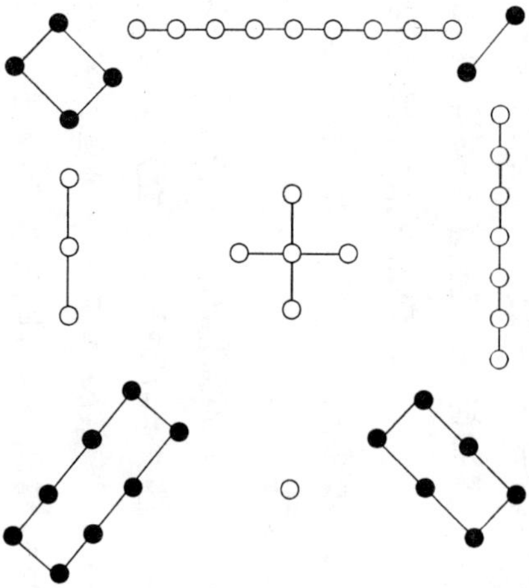

圖九　洛書

正當人們廣泛傳播黑白點《河圖》、《洛書》之際，永嘉人薛季宣（一一三四—一一七三）倡導功利之學，反對空談道義，斷言龍馬神龜之說乃無稽之談，是昏君亂臣禍害天下的工具。他著有《艮齋浪語集》，其中一篇叫做《河圖洛書辨》，裡面說：漢代的讖緯之說雖然荒唐，不足深信，但其中《春秋・命歷序》說《河圖》是「帝王之階，圖載江河山川州界之野」，卻是對的，不能拋棄。

據此，所謂河圖、洛書，不過是《山海經》、《禹貢》一類的文獻，上面記載著黃河、洛水流域的地名和物產。黃河之源出於神州之外，無法知其詳情，所以僅用圖示之，稱為河圖；洛水在九州之內，它流經何地，沿途有什麼物產，人們都一清二楚，所以用文字記錄得很詳細，稱為洛書。

因此，《尚書・顧命》所說的河圖，也就是周王朝的地圖，是辨別各地物產，實行政治統治的文獻資料。

後來，明清之際的著名思想家黃宗羲（一六一〇—一六九五）作《易學象數論》，清初著名經學家毛奇齡（一六二三—一七一三）著《河圖洛書原舛編》，堅持了與薛季宣大致相同的意見。概括地說就是，《河圖》是關於黃河流域的地圖，上面記載著山川河流，道路關隘，區劃分界，類似《山海經》；《洛書》是洛水流域的地理志，記載著那裡的風土物產，人口情況，類似《禹貢》一類的文書。而黑白點《河圖》歷史上一千多年一直未見，到宋代突然出現，是不足為信的旁門左道。至於後來又有人把《河圖》說成是龍馬背上的旋毛，把《洛書》說成是神龜背上的花紋，就更是荒誕不經了。

總結起來說，薛季宣、黃宗羲、毛奇齡的說法比較符合上古時代的社會情況，值得重視。

## 周敦頤的《太極圖說》和宋人的太極觀

周敦頤是宋明道學的創始人。他精通易理，著有《太極圖說》、《通書》和《易說》，由對《周易》的解釋，建立其哲學體系。

據說陳摶傳有無極圖，周敦頤受其影響，製作了太極圖。南宋初年，朱震為宋高宗講解經書，把周敦頤的太極圖獻給了朝廷。其圖如圖十。

周氏於圖之外還著有一篇《說》，用文字說明太極圖所表示的道理，合稱《太極圖說》。

前一章說過，太極是易學中的重要範疇，漢唐以來多有論述。但《太極圖

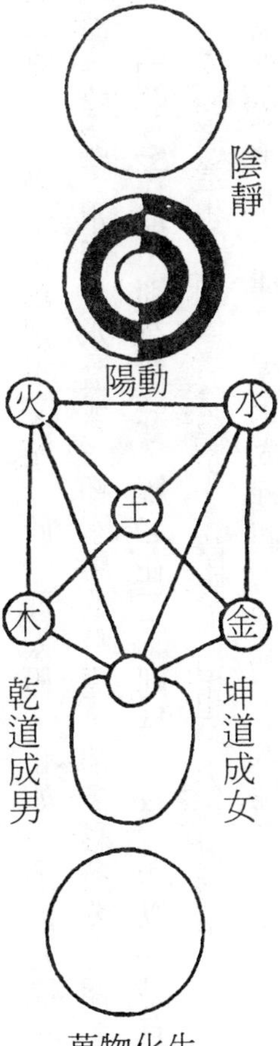

陰靜
陽動
火　水
土
木　金
乾道成男　坤道成女
萬物化生

圖十　周氏太極圖

說》不講筮法，而直接論述宇宙演化的過程，以太極為陰陽二氣混沌未分的狀態。他認為，太極元氣含有運動和靜止的本性，太極動而生陽，動到極點就靜下來；靜則生陰，靜到極占又動起來。一動一靜，互為條件，循環不止；陰陽二氣相分，天地就確立起來了。陰陽變化，相互配合，就生出水火木金土。五行之氣順序布署，一年四時就運行起來。陰陽五行巧妙結合，二氣交感，萬物就產生了。萬物生生不息而又變化無窮。

而人稟受陰陽五行中最精秀的氣，成為萬物之中最聰靈者。因此，人應該把自己修養成一個道德完善的人。最後說，人若能懂得宇宙生化萬物的法則，明白了生死的道理，即人的生命來源於二五之精，死後又歸於陰陽五行之氣，就達到了一種非常高尚的精神境界。

這就為儒家哲學提供了一個較為完整的宇宙論體系。承認天地萬物的形成，經歷了一個由元氣到陰陽二氣（形成天地），再到五行（形成四時），最後產生萬物和人類的過程，進一步發展了漢唐易學中的太極元氣說。

但周敦頤又在「太極」之上安了一個「無極」的階段，這就是《太極圖說》的第一句：「自無極而為太極。」這又是宣揚虛生氣說，沒有擺脫《易緯》太易說和玄學派太極虛無說的影響。

周敦頤的《太極圖說》，對宋人的太極觀影響很大，引起了長期的爭論。程頤曾受學於周敦頤，繼承並改造了《太極圖說》的思想。他以「理一分殊」解釋「太極生兩儀」，認為無極也就是太極，太極即道或理一。散為萬殊則首先成為陰陽二氣。事物千差萬別，又統一於一理太極。正如天上的月亮只是一個，而映在大海、急流、水溪、水盆或者杯水中的月亮，卻多彩多姿一樣。此即《易序》所說：「散之在理，則有萬殊；統之在道，則無二致。所以『易有太極，是生兩儀』。太極者道也，兩儀者陰陽也。陰陽一道也，太極無極也。」

朱熹繼承並發揮了程氏太極觀，認為「太極者，其理也」（《周易本義》），陰陽變易之理就是太極。太極之理沒有形跡，所以又稱為無極。無極表示太極之理是最高範疇，沒有極限，並不是說在太極之先還有一個無極的階段，所以他對周敦頤《太極圖說》作了訂正，改第一句為「無極而太極」。

朱熹的太極說，有兩層含義：就筮法說，認為「太極生兩儀」是講伏羲畫卦的程序，太極指畫卦的根源，「當其未畫卦之前，太極只是一個渾淪的道理」（《朱子語類》卷七十五）。此理渾而未分，所以又叫做「一理」或「理一」。其中包含有兩儀、四象、八卦和六十四卦之理，當其展開，就表現為兩儀、四象、八卦和六十四卦，而太極又不離卦爻象，即存在於其中。正如樹根生長枝幹的生理，生出枝幹花葉果實，又寓於枝幹花葉一樣。就其哲學意義說，太極指世界的本原，萬物之所以存在的根據。「聖人謂之太極者，所以指天地萬物之根也」（《朱子語類》卷九十四）。

按照朱熹的說法，天地之間有理有氣，理是生物的根本，氣是生物的材料，任何事物都是理與氣結合的產物，理為其性，氣成其形，二者缺一不可，但從本原上說，理是氣的根本。而太極作為「理一」，又是天地萬物之理的全體，因此，太極又是天地萬物的最高準則。

依據此種理論解釋周敦頤由「太極動而生陽」到「萬物化生」的過程，陰陽、五行以至萬物都是太極之理自身的展開或顯現，沒有一個時間上的先後順序。展開之後，陰陽、五行以及萬物之中又各稟有太極之理的全體，「人人有一太極，物物有一太極」，太極即在萬物之中。太極與萬物只是一種本體與現象的關係。從而將周敦頤《太極圖說》的宇宙發生論轉變成為宇宙本體論的體系。

邵雍與周敦頤不同，發展了陳摶易學的數學方面，著重以數解《易》。他以太極為一，視其為各種象和數的根源。他認為，太極之「一」的本性是不動，動則生出奇偶二數。有二方有數的神妙變化，如二生四，四生八等。有了二、四、八等數，也就產生了陰陽剛柔爻象和卦象。有了卦爻象，也就有了天地、日月、星辰、水火、土石等個體事物。這就是《觀物外篇》所說的「太極一也，不動生二，二則神也。神生數，數生象，象生器」。

但個體事物並非不變，有成則有毀，有始則有終，最終又歸於奇偶二數變化神妙莫測，此即「器則變，復歸於神也」（同上）。

那麼，太極之一的內容又是什麼？為什麼它能夠成為數的根源？邵雍認為是心，即所謂「心為太極」（同上）。此心指人心，特別是聖人之心。此心無思無為，不起念頭，形如止水，一而不分。這種境界就是心的本性。不動之心又如何產生奇偶之數？

由於邵雍《皇極經世》原書已經失傳，在後人整理的本子中找不到明確的回答。但按照他的兒子邵伯溫的解釋，邵雍又以「一動一靜之間者」為太極。一動一靜之間，就是既非動又非靜，尚無動靜之分，這就是所謂太極，亦即「心一而不分」的境界。當其發作，念頭興起，就是動；停頓下來，就是靜。動則為奇數，靜則為偶數。因為奇數為陽，主動，偶數為陰，主靜。奇偶之數及其變化的法則就根源於此不動之心。視人心為奇偶之數的根源，這在易學史上還是第一次。

此種觀點，實際上是將易學的法則歸之於人心的產物，所以邵雍又稱他的先天學為「心法」，對後來心學派的易學產生了深刻影響。

張載吸收周敦頤的太極說，而又反對以虛無為實體，針對其「自無極而為太極」的說法，提出太極是宇宙的本原。他以太極為氣，是包含對立的統一體。《易說・說卦》曰：「一物兩體，其太極之謂歟」。太極自身包含兩個方面，既不是一，也不是二，而是一中含兩，即陰陽兩個方面，相互聯繫，成為一體，所以才有氣的運動變化，神妙莫測；陰陽兩端相互對待，相互推移，所以氣的運動過程變化無窮。這就是所謂「一物兩體者，氣也。一故神，兩故化」（同上）。

這種太極觀，是以氣為宇宙的本原，而氣自身就包含著運動變化的性能，其根源就在於陰陽對立面的相互作用。

這種觀點，既反對了王弼派的太極虛無說，又反對了程頤以理為太極的學說，同時又是對周敦頤太極說的一種改造，從而以內因論的觀點回答了氣為什麼能運動變化，解決了物質世界運動變化的源泉問題。張載的太極說影響很大。後來被氣學派的易學家，如羅欽順、王廷相以至王夫之所繼承和發展。甚至於理學派的楊萬裡，象數學派的朱震，也深受其影響。

宋荊門人朱震（一〇七二—一一三八）總結唐宋以來的太極學說，提出了自己別具特色的太極觀。他認為，大衍之數的不用之「一」即是太極，此一為不動之數，是體；四十九數參與揲蓍成卦的過程，其變化引出七八九六，所以為用。但此太極之一，並非單一之數，而是四十九數的總合。其散開即為四十九。當其未散開時，包含有兩儀、四象；當其散開之後，兩儀四象又分有太極之數，太極並不因此而消失。這叫做「體用不相分離」，即體中含用，用中有體。

四十九有數可數，為顯；一隱於四十九數中，為微，二者不相分離，這就是程頤所說的「體用一源，顯微無間」。照這個說法，沒有一個離開四十九數和兩儀、四象、八卦而單獨存在的太極，太極就在四象八卦之中，是四象八卦的根本；而四十九數以至兩儀、四象、八卦和六十四卦，就是太極之一自身的展開。這就使太極範疇獲得了本體論的意義。

就世界觀的意義說，他又吸取張載的學說，以混而未分之氣為太極或太虛之氣。太極是陰陽二氣的根本，動則分化為陰陽二氣，陰陽又分化為五行，陰陽五行之氣運布於四時而生萬物，天地萬物又分有太極，太極作為陰陽之本又同天地萬物不可分離。照此說法，天地萬物乃太極未分之氣自身的展開。此種太極觀，又為氣學派本體論的形成奠定了基礎。

## 邵雍的數學派易學

邵雍一生的主要工作是解說《周易》原理，著《皇極經世》。其中既講「數學」，又講「象學」，但著重講「數學」，發展了陳摶派易學的數學的方面，當時被稱為「數學」。他以漢易中乾南坤北離東坎西的圖式為先天圖，乃伏羲氏所畫，以漢易中離南坎北震東兌西的圖式為後天圖，乃文王之易，是伏羲易的推演。邵雍對這兩類圖式都有解說，但更推崇前者，以其雖無文字，卻具陰陽終始之變，天地萬物之理，是《周易》的基本原理，先於《周易》而有，所以其易學又稱為先天學。

邵雍以其易學為核心，推演出一套哲學體系，特別是關於宇宙運動和變化的模式，預測未來的事變，從而創立了宋明易學中的數學派。

## 宇宙構成論

邵雍以數解《易》，認為八卦、六十四卦之象就來源於奇偶二數。按照邵雍的解釋，太極為一，一本身不動，卻含有動靜之性，動則生出奇偶二數，分為陰⚋陽⚊兩畫；陰陽之上各分出一奇一偶，就成為太陽、少陰、少陽、太陰四象；這四象之上再各分出一奇一偶，就得出八卦。這樣「一分為二，二分為四，四分為八」，就是《易傳》所說的「太極生兩儀，兩儀生四象，四象生八卦」。以圖示之如下：

八卦再一陰一陽地推演下去，「八分為十六，十六分為三十二，三十二分為

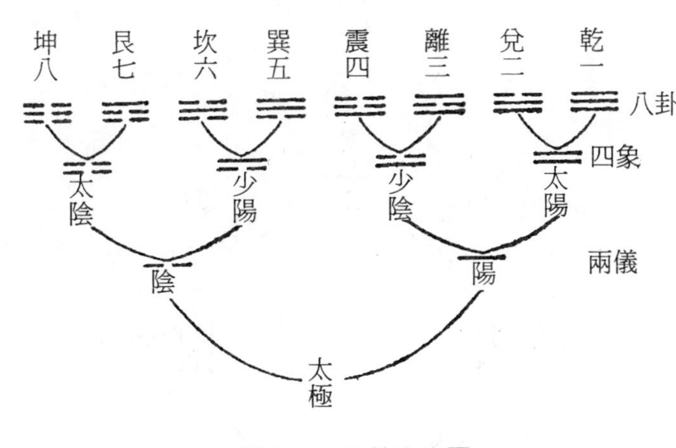


圖十一　八卦次序圖

六十四」，便得出六十四卦。六十四卦再加以推衍，就可以達到無窮。後來，程顥稱此法則為「加一倍法」，朱熹則稱為「一分為二」法。

此種過程，既是八卦和六十四卦形成的過程，也是世界萬界形成的過程。他認為，天生於動，地生於靜；天分陰陽，地分柔剛；陰陽又分為太陽、太陰、少陽、少陰；太陽為日，太陰為月，少陽為星，少陰為辰，此即天之四象；柔剛又分為太柔、太剛、少柔、少剛，太柔為水，太剛為火，少柔為土，少剛為石，此即地之四體。由天之日月星辰又生出暑、寒、晝、夜，由地之水火土石又生出雨、風、露、雷。暑寒晝夜變化萬物的性情形體，雨風露雷化育走飛草木，從而生出動植物；而人兼乎萬物而為萬物之中最聰明者。世界上天、地、人、物的基本現象就盡於此

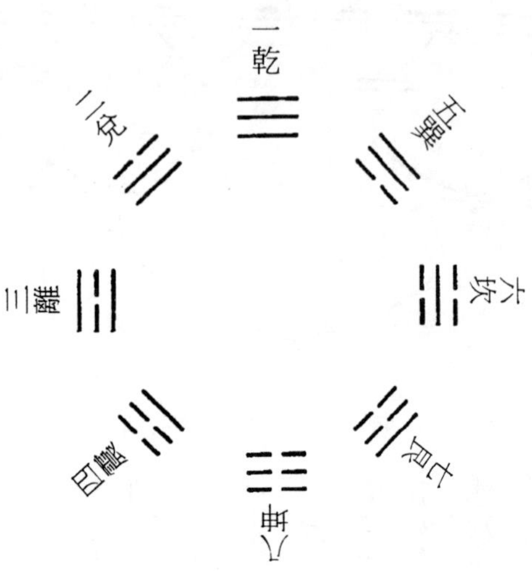


圖十二　伏羲八卦方位圖

了。這種學說視天地萬物的形成為類與種不斷分化的過程，強調層次與類屬的關係，既是講宇宙發生的程序，又具有宇宙構成論的意義，這在古代哲學史上是少見的。

## 陰陽消長說

邵雍易學以探討天地萬物的運動變化和陰陽消長為宗旨。據說，《皇極經世》中製有伏羲八卦和六十四卦方位圖，保存在朱熹《周易本義》中。其哲學意義，就是用來說明事物變化的規律，認為宇宙中的事物總是處於陰陽推移的過程，沒有永恆不變的東西。照邵雍的解

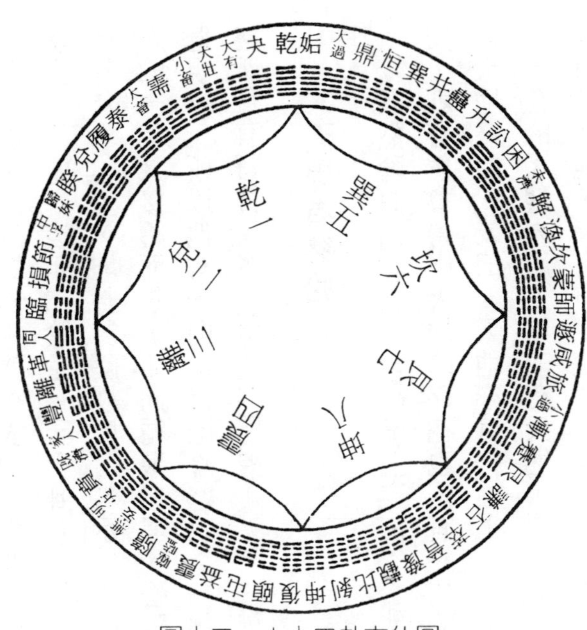


圖十三　六十四卦方位圖

釋，伏羲八卦方位圖（圖十二）中，乾為天，左半圈由下而上表示陽氣生長，辟戶而始生萬物；坤為地，右半圈由上而下，表示陰氣增長，闔戶而收藏萬物。離為日，起於東方；坎為月，生於西方。天地闔辟，形成春夏秋冬；日月出入，形成晝夜長短，晦朔弦望。也就是說，一年四季天地萬物的生成變化乃陰陽互為消長的過程。將此圖加推衍，就導出了六十四卦方位圖（圖十三）。

此圖左半圈從復卦到乾卦為陽長陰消的過程，右半圈從姤到坤即陰長陽消的過程。復卦表示一陽長，至臨卦表示二陽生，至泰卦為三陽生，大壯為四陽生，夬卦為五陽生，至乾卦為六陽生，乾為陽極盛，表示一年四季中萬物的極盛時期。其次為姤卦表示一陰生，至遁卦表示二陰生，至否卦為三陰生，觀卦為四陰生，剝卦為五陰生，至坤卦為六陰生，坤卦為陰極盛，表示一年節氣變化的終結。以後復卦一陽復生，新的一年又接續而起，如此循環無窮。陰陽消長是宇宙間一切事物發展變化的普遍規律。所以他有一則《首尾吟》說：「物盛物衰隨氣候，人榮人瘁逐推移。無邊新月有時待，水上落花何處追。」（《擊壤集》）

## 天地有終始

既然陰陽消長是宇宙的普遍法則，那麼，用它來說明人類和宇宙發展的歷史，就必然會得出天地的存在也是有終始的結論。《觀物外篇》說：「易之數，窮天地終始。或曰，天地亦有終始乎？曰：既有消長，豈無終始？」意思是說，在現在的天地未產生以前有天地，現在的天地毀滅以後，也還有新的天地出現。這所謂天地，指宇宙。整個宇宙中的事物都是有始有終，有生有滅的。我們這個世界毀滅了，另一個世界又誕生了，整個宇宙就是眾多世界生滅連續的過程。

在《皇極經世》中，邵雍為我們現在的這個天地，也就是現在的這個具體世界作了一個年譜，稱為一元消長之數。這個年譜用「元」、「會」、「運」、「世」計算時間。天地自始至終為一元，一元十二會，一會三十運，一運十二世，一世三十年。一元共計十二萬九千六百年。在現在天地的歷史中，「天開於子，地闢於丑，人生於寅」。天體形成於第一會子會，大地形成於第二會丑會，人類與萬物生於第三會寅會。到第六會巳會，正如一日中的巳時，人物達到極盛狀態，人類社會發展到盛世，即唐堯時期。

唐堯即於此會的第三十運中的第九世興起。到第七會午會，人類社會開始衰微，從夏、商、周一直到北宋，都處於這個時期。到第十一會戌會，萬物都歸於滅絕。到第十二會亥會的末尾，這個天地也就終結了。若將這段歷史納入上述「六十四卦圓圖」所表示的公式中，則這個天地也是始於「復」而終於「坤」。整個世界也處於消長生滅的過程。這個天地終結了，另一個天地又將照此公式重新開闢。其中的人、物亦重新生長，重新毀滅。這就是《易傳》所說的「窮則變，變則通」。如此循環，以至於無窮盡。

其中人類社會的歷史，也像春夏秋冬一樣，邵雍把它分為四個階段：皇、帝、王、霸，亦即四種政治類型。三皇的特點是「以道化民」，此時崇尚自然，無為無事；五帝的特點是「以德教民」，此時崇尚謙讓，先人後己；三王的特點是「以功勸民」，此時崇尚政治，糾正不正；五伯（霸）的特點是「以力率民」，此時崇尚爭奪，重利輕義。戰國七雄，漢唐以後，都不過是霸政的餘緒，一代不如一代。

## 「以物觀物」

依據陰陽消長的法則和天地有終始的理論，邵雍又提出一種「以物觀物」的人生觀。他反對以主觀成見觀察事物，而主張從物的觀點冷靜客觀地觀察事物，這就是《觀物內篇》所說的：「不以我觀物者，以物觀物之謂也。」他認為，觀物不能用眼去看，也不能完全依靠心的思維，而要根據「理」來觀察事物。只有懂得了宇宙演變的規律，以此冷靜地觀察事物的變化，承認陰陽消長有其必然性，既不以心傷物，又不以物傷心，一切變易都視為風花雪月、過眼去煙。有了此種境界，就能從生死榮辱，一切情慾的牽累中擺脫出來，獲得一種高尚的樂趣。所以他的解《易》著作又稱為《觀物篇》。

邵雍寫了許多詩文，抒發自己的情懷，展現此種冷眼觀物的人生哲學。他把自己住的地方自詡為「安樂窩」，其《安樂窩中吟》有這麼兩句：「安樂窩中職分修，分修之外更何求。」（《擊壤集》）所謂「職分」，就是探討天地萬物運動變化的規律，寫作《皇極經世》書，解說《周易》原理。他以此為自己一生的根本職責和最大樂趣，此外於世無求。

另一首《打乖吟》說：「安樂窩中好打乖，打乖年紀合挨排。重寒盛暑多閉戶，輕暖初涼時出街。風月煎催親筆硯，鶯花引惹傍樽罍。問君何故能如此，只被才能養不才。」（同上）

「打乖」有「取巧」之義，實際上是指他冷眼觀物，不以生死榮辱動其心性的人生樂趣。這首詩，反映了作者在當時風雲變幻、利慾氾濫、世風日壞的社會中，是如何安排自己的生活的。冬夏多閉戶，春秋常出街。風霜雪月催促奮發寫作，鳥語花香招引對酒賦詩。雖然混跡塵世，卻能高趣逍遙。一個人有了高尚的精神境界，無私心，去利慾，行直道，任至誠，就能隨時隨地，無論貧富貴賤，順逆利害，都能樂在其中。

## 氣學派易學的創立

北宋氣學派的易學，始於宋初思想家李覯（一〇〇九—一〇五九）。他吸收漢唐易學中的陰陽二氣說，用來解釋《周易》中的象和數，解釋八卦的卦義，成為宋明易學中以氣解易的先驅。張載則進一步發展了孔疏和李覯解易的傳統，但又反對以老莊玄學觀點解釋《周易》原理，對漢唐以來的陰陽二氣說作了一次批判的總結，建立了以氣為核心的易學體系，從而創立了氣學派的易學，在易學及其哲學史上具有劃時代的意義。

### ✖《易》爲君子謀

易學史上的易理學派，解釋《周易》經傳，都注重其中的人道教訓之義。王弼《易注》偏重人事，以人類的社會生活解釋卦爻象的變化和卦爻辭的內容。宋易中的義理學派正是發揚了這一傳統。李覯、歐陽修把《周易》看作是經世之學；從胡安定《周易口義》到程頤的《程氏易傳》，既講天道又講人事，也視《周易》為經世濟民的治國之書。張載則更加明確地提出「易即天道而歸於人事」的說法，認為《周易》一書乃聖人依據天道，即陰陽二氣變易的法則和過程，為人類制定的行為規範，從而使人知道應該做什麼，不應該做什麼，正確處理人事問題。

「天道」指自然之理，「人事」指人事之功。前者是對自然哲學的理論探討，後者是對人文精神的價值追求。而「歸於人事」，說明張載更重視《周易》的價值層面，也就是說，《周易》是一部規範人類行為的教科書。

依據此種易學觀，張載又提出了「《易》為君子謀，不為小人謀」（《橫渠易說・繫辭下》）的新思想。在他看來，《周易》中的每一卦，都是教導人們如何培養君子的品德，只有具有道德修養的人才有資格依據《周易》占驗未來之事，而道德敗壞的小人不能從中得到好處。所以張載在其《易說》中，盡量從道德修養的角度解釋卦爻辭，並經常援引《四書》中的文句加以解說，把卦爻辭看成從事道德修養的格言。這是張載解《易》的一大特色。

任何一個社會都有它的道德規範和行為準則，用來維繫它的和諧與穩定，促進它的繁榮與發展。道德往往起著法律所不可替代的作用，而成為法律的補充。而價值觀念滲透於人類生活的一切方面，並成為人的行為的靈魂。

張載視《周易》為人類道德生活的依據，強調提高人的道德境界，高揚人文價值理想，在當時無疑是具有積極意義的。這對於在深化改革、擴大開放的新形勢下，在商品經濟大潮的衝擊下，如何加強精神文明建設，提高全民族的素質，也具有重要的借鑒作用。

## 無形而有象

為了說明卦爻象和所取之物象的特點，張載提出了「無形而有象」說。「形」指大小方圓等形狀或形體，「象」指剛柔、動靜等性能。就六十四卦說，其卦畫有形可見，為形；其性質有陰陽，有吉凶，為象。就八卦所取之物象說，艮為山，離為火，坎為水，有形可見為形；巽為風，震為雷，風雷無形卻有象。總之，凡未成形或無形的事物，張載皆歸之為象。有象者不一定有形，如晝夜寒暑之象，吉凶進退之象；有形者必有象，如雞之形有飛之象，地之形有生物之象。有形的事物，肉眼看得見，可以稱為顯或明；無形的事物，肉眼看不見，則可以稱為隱或幽。雖然無形，但有象，並非歸於虛無，所以不能說它是無。這就是《易傳》只講「知幽明之故」，而不講有歸無的道理。

張載說的無形而有象的領域，在哲學上主要是指氣而言。所謂「凡象皆氣也」（《正蒙・乾稱》），「有氣方有象，雖未形，不害象在其中」（《易說・繫辭下》）。以此論證一切客觀存在的事物都是由氣構成的，世界統一於物質性。張載認為，氣同萬物的關係，如同水凝為冰，冰釋為水一樣，氣聚則為萬物，氣散則萬物消滅又復歸於太虛，太虛是氣的本來狀態，沒有一個虛無的世界。氣有聚散而無生滅，萬物之生滅不過是氣聚散的不同形式。這就肯定了氣的永恆性，也否定了佛道兩家區分有無，以無為有的根本的學說。

由於強調氣無形而有象，並非虛無，張載又對氣範疇作了新的界說。認為，凡可以說有剛鍵、柔順、運動、靜止，有廣度深度即占有空間的，都是氣。氣作為萬物的本原，並不是水蒸氣、雲氣一類的氣體，它具有某種抽象的性質，但又不失其物質性，「皆可名之為象」。這就豐富和發展了古代哲學中關於氣的概念，表明對於氣這一範疇的理解進一步深化了。

## 氣之生即是道是易

既然萬物的生滅是氣聚散的不同形式，那麼，萬物的運動和變化過程，也就必然是氣化的過程。因此，張載又以陰陽二氣相互推移的法則，解釋萬物的形成和變化的規律。

他認為，氣是無形的，但總是聚散屈伸、生生不已，由無形轉化為有形之物，又由有形轉化為無形之氣。這種生生不已的自然變化過程，就是道，也就是易。此即「氣之生即是道是易」（《易說・繫辭上》）。這種氣的運動變化，就一陰一陽的相互推移說，叫做「道」；就陰陽變易神妙莫測說，叫做「神」；就其變易而無窮盡說，叫做「易」。

道、神、易並非三個東西，而是說明氣運動變化的不同名稱。道指氣化的過程，神指氣運動變化的本性，易指氣化過程的無限性。一陰一陽相互推行，永不停止，卦爻象和天地萬物的變化過程也就盡在於此了。這就是《易傳》所說的「一陰一陽之謂道」。

也就是說，陰陽二氣的對立和相互推移，是一切事物形成和變化的根源，所以說「天地變化，兩端而已」（《正蒙・太和》）。在氣化的過程中，總是一陰一陽，兩者相互滲透，相互牽制，缺一不可，此即「相兼相制，欲一之而不能」（《正蒙・參兩》）。這就是事物發展變化的規律。

## 剛柔之本立則不眩惑

事物變化的過程總是兩端，不可能只有陽而無陰，也不可能只有陰而無陽。其所謂「兩端」，不僅僅是指陰陽二氣，也包括虛實、剛柔、動靜、聚散、屈伸、勝負等性質，兩就是對立。對立的兩個方面既相互依存，又相互推移，乃一切事物及其變化的根本。這就是《易傳》所說的「剛柔者立本者也」。

因此，張載認為，必須從對立面的雙方觀察事物的變化，方不被表面現象所迷惑。此即「本立則不為見聞所轉，其聞其見，須透徹所以來，乃不眩惑」（《易說・繫辭下》）。「所以來」即事物變化過程的根源，指剛柔之本。也就是說，只有把握了一陰一陽這一事物變化的根本規律，不偏於一個方面，才能在紛繁變化、複雜多端的客觀世界面前保持清醒的頭腦，立於不敗之地。這種觀點，對於人們觀察事物和處理自然及社會的各種問題，具有方法論的啟迪。

春秋時期，越王勾踐臥薪嘗膽，最終打敗吳國，報仇雪恥，靠的是兩個精明強幹的謀臣——范蠡和文種。當越國滅吳之後，范蠡從剛柔對立統一的觀點看問題，知道吳國覆滅了，若不及早脫身，可能會有被迫害的危險。於是不辭而別，到他國經商去了。後來竟成了一個大富翁，自稱陶朱公，安適地度過了晚年。當他在齊國隱居的時候，秘密地給文種寫了一封信，以「飛鳥盡，良弓藏」、「狡兔死，走狗烹」為訓，勸說文種早日離開勾踐。文種不懂得以對立的觀點看問題，不了解自己之所以受重視，完全是因為有強大的吳國存在，所以未能聽從范蠡的建議，最後在越王勾踐的逼迫下自殺了。這個歷史故事從正反兩個方面證明，張載從對立面的觀點觀察事物的提示，是相當深刻而機智的。

## 頓變與漸化

由於一陰一陽的相互推移，整個世界都處於永無休止的氣化過程之中。天地萬物又是如何運動變化的？張載認為，事物的運動變化有兩種形式，即顯著的、急迫的變化和細微的、漸緩的變化，所謂「變言其著，化言其漸」（《易說・繫辭上》），區別了變與化。但是，急迫的變化也是逐漸形成的，也包含有化的內容。

區別變和化，並不始於張載。漢唐的《易》注中已經談到了事物變化的兩種形式。孔穎達以變為不明顯的變化，以化為顯著的變化，稱為「漸變」和「頓化」，「變謂後來改前，以漸移改謂之變也。化謂一有一無，忽然而改謂之為化」（《周易正義・乾》）。張載不滿意這種說法，反其意而用之，似乎較為合理。張載的著變與漸化說，對朱熹產生了重要影響。

朱熹吸收張載的學說，認為陰陽在流轉的過程中，存在「化」和「變」兩個階段，提出了漸化和頓變說。自陰而陽，忽然變化，故謂之變；自陽而陰，漸變消磨，故謂之化。化是漸漸化盡，以至於無；變則驟然而長，自無而有，又稱為「頓斷」。但是一陽不是頓然便生，突然而成，而是有一個漸化的過程。小雪節之後，陽氣一日生一分，到十一月半，冬至之時，一陽始成。這正如懷胎之時，十月方成個兒子。就是說，陰陽的消長必須經過漸化即量的積累過程。照朱熹的說法，漸化即量變，頓變相當於現在所說的質變。對立面的轉化要經過量變的過程。不顯著的變化逐漸積累，達到一定程度，才會發生顯著的頓變。

這種學說，是對客觀世界量變質變規律的初步概括。合抱之木，生於毫末；九居高臺，起於累土；千里之行，始於足下；冰凍三尺，非一日之寒；百里長堤，潰於螻蟻之穴；子殺其父，臣殺其君，非一朝一夕之故；星星之火，可以燎原。張載、朱熹上升到理論高度，以漸化和著變說對此加以探討，對人類智慧的發展，無疑是一個貢獻。

## 窮神知化說

「窮神知化」是《易傳》提出的一個命題，指聖人把握萬物神妙變化的最高境界，所謂「窮神知化，德之盛也」，屬於認識問題。在易學史上，並未被易學家視為重要的理論問題，而張載卻特別重視這個命題，在其《易說》和《正蒙》中加以詳盡的闡發，並作了一種新的解說。

張載所說的「神」，主要是指氣運動變化的本性，「化」指氣運動的過程。窮神知化就是認識和把握氣化的法則和過程，達到與神化合一的境地。這既是聖人的主要事業，也是聖人的最高境界。但真正做到窮神知化，並不是一件容易的事情。

那麼，如何才能達到「窮神知化」的最高境界呢？張載提出了兩種途徑或階段，即入神和存神。「入神」就是進入神化的境地，指對神化的理性認識。其前提是精心鑽研事物的義理，並對其融會貫通。義理有深有淺，窮理達到精深之處，以至於窮盡了事物的本性，認識到天下萬物皆由一氣所化，則進入神化的境地。「存神」指人的精神暗與神化合一的境界。這種境界是平時從事道德修養、破除私心雜念的結果，德盛仁熟，自然而成，不是憚精竭慮所能勉強求得的。一旦達到了這種最高的道德修養境界，就能存神順化，忘掉一切物累，不計較個人生活中的利害得失，甚至連生死問題也不牽掛，生則盡人事，勤勉作為，死則得安息，復歸於氣，表現了一種樂觀主義的人生觀。

照張載所說，實際上是以「入神」為認識問題，以「存神」為道德修養問題，把「窮神知化」最終歸結為道德修養問題。這是道學家們所共同探討的一個中心議題。所以張載的「入神」說，後來被道學家解釋為道問學，其「存神」說被解釋為尊德性，對宋明時期的易學和哲學都起了重要影響。

## 理學派易學的完成

程頤是北宋易學中義理學派的代表人物。他既不同意劉牧河洛之學，又拒絕學習邵雍的數學派易學，而發揚了王弼以來以義理解易的學風，但不贊成以老莊觀點解釋易理。他堅持以儒家學說，特別是《四書》中的觀點，解釋《周易》經傳，提出「理」或「天理」為易學的最高範疇，解釋《周易》的法則，從而為宋明理學派的易學及其哲學奠定了理論基礎，同張載的易學一樣，在易學史上具有劃時代的意義。而朱熹作為宋代的理學大師，在易學上也繼承和發展了程氏易學的傳統，並以此為骨幹，融合宋易各家之長，建立起一個龐大的易學體系，完成了建立以理為本的哲學本體論的任務。

## 《易》本卜筮之書

漢代以來，易學史上對《周易》的解釋，都是經傳不分，以傳解經，並將《周易》一書逐漸哲理化了。到了宋代，易學家們將《周易》視為講哲理的教科書，特別是《程氏易傳》，以「理」或「天理」解易，提出「易周盡萬物之理」的命題，把《周易》看作是講事物變化的規律，並以此規範人們行為的書。這樣，就使《周易》作為占筮典籍的本來面貌被湮沒了。

朱熹在歐陽修易說的影響下，重新研究了《易經》和《易傳》的關係，對程頤的易學觀既有所吸取，又有所拋棄。他將經和傳看作是既有區別又有聯繫的兩種著作：經是占筮的典籍，沒有什麼深刻的意義；傳是後人的著述，企圖從中講出一番道理。認為從經到傳有一個發展的過程，即由占筮吉凶到講說哲理的過程，從而提出了「易本卜筮之書」的論斷。但又認為卜筮書中隱藏著天下事物之理，需要後人加以揭示和闡發。

依據這種易學觀，他對於《周易》卦爻象和卦爻辭的解釋，都著眼於占筮之事和吉凶之由，企圖恢復其本來面貌。他與蔡元定合著《易學啟蒙》，也在於介紹有關占筮的基本知識，幫助學易者了解《易》本為占筮而作。即使對《易傳》文的解釋，他認為也不能脫離卦爻象和卦爻辭，不能脫離占筮之事，否則便會流於虛誕和主觀臆度。由此又認為，讀《易》之法，不僅要區別文王之易與孔子之易，還應該將後人解易同孔子之易區別開來，各家自有各家的道理。

這種觀點突破了以往經傳不分的傳統觀念，不僅區分了經和傳，而且區分了《易傳》和易學，既強調了《周易》一書的本來面貌，又不因此否定《易傳》和歷代易學的價值，是朱熹的一大貢獻。不幸的是，朱熹這個意見並沒有受到人們的重視。

## 《易》只是個空的物事

《周易》既然是卜筮之書，卦爻辭所講的又是有關吉凶之事，人們又如何從中揭示出所隱藏的義理？程頤曾經說，不能只把卦爻辭所講的具體事件，只看作一件事，而要「假象以顯義」，「因象以明理」。朱熹對此加以發揮，提出了「《易》只是個空的物事」的說法，視《周易》為一個空架子。他認為，《周易》和其它經書不同，《詩》、《書》、《春秋》等經書中所說的其人其事，都是實有其事，一件事便是一件事，有其事方有其文。可是，《周易》卦爻辭所講的具體的事，不能限定在某件事上，而是借此事說未來之事，顯示那一類事物的義理。因為所說的事件不專指某人某事，如說龍非真龍，乃假借虛設之辭，只是空說個道理，所以可以套入許多具體的事物，推測未來的事變。

比如屯卦六三爻辭說：「打獵沒有虞人加以引導，必然陷入林中不能解脫，所以君子不去窮追不捨。」此爻所表現的理是，遇事不能貪求，貪求乃「取吝之道」。有了這個道理，許多事物如打獵、求官、謀錢財等等，都可以套進去適用。這樣，三百八十四爻就可以包括天下萬事，沒有窮盡了。

這種觀點強調卦爻辭的抽象意義，要人們去體會其中所蘊涵的義理，正如中國畫強調其中的風骨神韻，畫《歲寒三友》，讓人體會松梅竹的堅韌不拔一樣。只要把握了義理，就可以處萬事應萬變，得心應手，動而常吉。實際上這是以卦爻象和卦爻辭為表現一類事物之理的形式或符號，視《周易》三百八十四條爻辭為三百八十四條抽象的公式，可以代入一切具體事物，如今人所說的《周易》是一部宇宙代數學。這樣，便將《周易》一書的內容更加抽象化和公式化了。這是理學派解易的一大特色。

## 體用一源，顯微無間

為了說明理和卦爻象或物象的關係，程頤提出了「體用一源，顯微無間」的命題。認為一卦之義理是無形的，通過卦象或所取之物象方能顯示出來。理無形，隱藏在事象背後，深而幽隱，故為「至微」。象有形可見，顯露在外部，故為「至著」。但理與象是同一事物的兩個方面，理是本體，象是作用，有其體便有其用，體用不容分離，無所謂先後，理與象融合在一起。這就是「體用一源，顯微無間」（《易傳序》）。

這種情況又被稱為「事理一致，微顯一源」（《遺書》二十五）。沒有脫離事象的「理」，也沒有脫離理的事象，事象是理自身的顯現。

朱熹依據此種原則，討論了太極本體與萬物（見本章第二節）、理與事的關係問題。認為從理這一方面說，理為體，事象為用，體中有用，理中有象，舉其體而用之理已具，此即「體用一源」；從事象這一方面說，事象為顯，理為微，理又存在於象中，即事而理之體可見，此即「顯微無間」。雖然體用一源，顯微無間，但二者卻有精粗先後之別，理精而事粗，理先而事後，所以說：未有事物之時，其理已具；有其理則有其事與之相應。

這也就是他所說的：「未有天地之先，畢竟也只是此理，有此理便有此天地。若無此理，便亦無此天地，無人無物，都無該載了。」（《朱子語類》卷一）最終導出了理在事上或理在事先說，以此論證理為事的本原。

體用一源學說，是以物象為其本質的表現形式，把現實事物視為其概念的體現或化身，認為萬事萬象皆依其理而存在，從而建立起以理為萬物之本的本體論體系。

二程經常講「氣象」，即人的氣質、精神、風貌，就是這種學說的具體體現。一個人要有骨氣，一支軍隊要有士氣，一個民族要有志氣，一個國家要有民氣。其一舉一動都表現著他本身的「氣象」。人們常說，細微之處見精神，正是這個意思。日本人喝茶講究茶道，賞花講究花道，習武講究武士道，也是受這種學說的影響。一個團體，一個企業，或者舉辦一次活動，做一件具體事情，都應追求一種基本精神，有了這種精神，它在各個方面都會表現出來，久而久之，就會形成一種風格，成為一種無形的力量。

朱熹有詩說：「問渠哪得清如許，為有源頭活水來。」程朱易學所提倡的這種學說，將啟迪人們去不斷地追求和探索事物之所以存在和發展的內在根據。

## 所以陰陽者是道

卦爻象和物象的變化都是其理的體現，此理歸根到底就是陰陽變易的法則。這一法則是從哪裡來的，為什麼事物會有陰陽及其變易，陰陽的根源究竟是什麼？程頤經由對「一陰一陽之謂道」這一古老命題的解釋作了回答，辯論了理與氣的關係問題。他認為，道和陰陽是有區別的，陰陽屬於氣的領域，氣是有形的，不能稱為道。因為有形可見，陰陽之氣又歸於器的範圍，是形而下者，而道則是形而上者，是陰陽之所以成為陰陽的根據或本質，即陰陽之理。這就是所謂「一陰一陽之謂道，道非陰陽也，所以一陰一陽，道也」（《遺書》三）；「所以陰陽者是道也」（《遺書》十五）。

然而，道既為陰陽之理，又不能脫離陰陽而存在，二者乃道體器用的關係。這是以陰陽二氣為其所以然之理的顯現，宣揚理為氣之本體的世界觀，從而揭開了宋明理氣之辯的序幕。

朱熹吸收程頤的理氣學說，將「所以陰陽者是道」闡發為太極之理，進一步發展了理學派的本體論。他以程氏學說解釋「一陰一陽之謂道」，認為陰陽是氣不是道，只有使陰陽成為陰陽的陰陽之理才是道。此陰陽之理，就是太極。

太極之理與陰陽二氣關係也是「體用一源，顯微無間」的關係，理為體，氣為用，理氣不相分離，在時間上沒有先後之可言。但理為形而上的道，氣為形而下的器，道比器更根本，所以理為氣本，是氣之所以為氣的根據。有陰陽之理，方有陰陽之氣，陰陽之氣又體現陰陽之理，太極之理依舊還在陰陽裡，理又在氣中。二者既有區別，又不相分離，理顯現為氣，氣依賴於理。這就完成了建立理學派本體論的任務。

這種學說企圖在陰陽之上再找一個比陰陽更高層次的依據，以之為道，亦即所謂「理」或「天理」，就從世界觀的高度，為儒家的理想人格、最高修養境界和倫理道德學說提供了理論的根據。

## 貞下起元

程頤探討了陰陽二氣及天地萬物運動變化的過程和法則，承認陰陽二氣同時存在，二者屈伸往來，消長相因，總是處於相互依存和相互推移的過程，沒有絕對靜止之時。陰陽二氣及其動靜既無開始，亦無終結，流轉無窮，所謂「動靜無端，陰陽無始」（《易說・繫辭傳》），這是卦爻象變易的過程和法則，也是天地萬物變化的規律。此種學說，肯定了陰陽二氣運動變化和對立面轉化的永恆性，對後世產生了深遠影響。

朱熹進一步發展了陰陽無終始的學說，將理學派的陰陽觀概括為交易和變易。交易指陰陽相互對待，相互滲透；變易指陰陽流行，即相互推移或轉化。關於陰陽對待，他認為萬事萬物各分陰陽，一事一物又各有其陰陽。如人分男女，一人身上又各有血氣，血陰而氣陽。如此陽中有陰，陰中又有陽，陰陽交錯對待，層層滲透，此即「陰陽各生陰陽」（《朱子語類》卷六十五）。

關於陰陽流行，他認為，陰陽的推移只是一氣之消長，即一氣自身轉化的過程，長處為陽，消處為陰，並非陰陽二氣互相代替。這種陰陽流行的過程既無開頭，也無終結，總是陽了又陰，陰了又陽，循環不已。但此過程可以分為不同的階段：從天道說為元、亨、利、貞，從四時說為春夏秋冬。比如稻穀種在地裡，萌芽是元，生出禾苗是亨，開花長穗是利，結籽成實是貞。成熟的稻穀又萌芽復生，以至循環無窮，正像春夏秋冬四時往復，無始無終一樣。這就是朱熹所說的「貞了又元」（《語類》卷六十八），後來被稱為「貞下起元」，南宋詩人陸游（一一二五—一二一〇）的兩句詩：「山重水復疑無路，柳岸花明又一村。」經過元、亨、利，到達「貞」的階段，好像山重水復沒有路了，可是轉了一個彎，貞下又起了元，就「柳岸花明又一村」，別有一番景象了。

朱熹認為，任何事物的變化都經過這四個階段，一年的變化如此，一日一時的變化過程也是如此。整個宇宙就是這樣一個陰陽二氣相互流轉、連續不斷的無窮過程。現在這個天地之前，自有一番天地，這個天地毀壞了，一個新的天地又重新興起，如此生生不已，沒有窮盡。

可以看出，理學派的陰陽學說，肯定物質世界處於一個永恆的變化和對立面轉化的過程，同時又承認無論如何轉化，陰陽二氣作為世界構成的要素，不被創造，也不消滅，豐富和發展了古代的陰陽變易學說，對中國辯證思維的發展作出了自己的貢獻。

## 引史證《易》風氣的流行

引史證經，漢易已開其端，借歷史事件或歷史人物的遭遇說明《周易》卦爻辭的意義。但漢唐人解《易》，所引歷史事件不多。宋易中的義理學派，由於重視王弼注以明人事的傳統，常以歷史人物的事跡解說卦爻辭，遂使引史證《易》漸成風氣，在社會上廣泛流行起來。

宋人引史證《易》，由倪無隱寫成的《周易口義》實開其先河。程頤曾追隨胡瑗游於太學，二人相契極深，引為知音。他所著的《程氏易傳》，繼承胡師的此種解易學風，專以出處進退立論，常用歷史人物和歷史事件解釋卦爻辭的義理。如以武則天篡奪君位解釋「坤卦」六五爻辭「黃裳元吉」；以「舜之征有苗，周公之誅三監」，「秦皇漢武，窮兵誅伐」等古代帝王用兵之事解釋「蒙卦」上九爻辭「不利為寇，利御寇」等等。

至南宋李光的《讀易詳說》，作於貶謫之所，專以君臣關係為言，偏重於引史證經。而楊萬裡作《誠齋易傳》，則「多引史傳以證之」（《四庫總目提要》），更氾濫於六十四卦、三百八十四爻之中。

楊氏《誠齋易傳》以《程氏易傳》為依據，發揚其解易的學風，進一步闡發了程頤易學的思想，也屬於易理學派。所以，宋代書肆曾將此書與《程氏易傳》並刊發行，稱為《程楊易傳》。其對各卦、各爻義理的解釋，幾乎都引歷史事件或歷史人物的言行加以論證，以說明《周易》乃聖人研究社會人事變易法則的書。諸如解釋「乾卦」體現君主的剛健之德，則引漢元帝柔仁好儒，唐文宗優柔寡斷，而逐步導致漢唐亡國的歷史教訓作為論證；解釋九三爻辭則引蚩尤、后羿、王莽、董卓篡上驕下，自取滅亡，曹操、司馬懿篡位而不知警惕，魏晉王朝短命的歷史，闡明其義理；解釋「坤卦」則引漢呂后、唐武則天專權而漢唐傾危，魏司馬懿、東晉劉裕專權而魏晉亡國的歷史，說明陰必從陽的道理。

此種解易風氣，實際上是把歷史人物的活動看成是吉凶消長之理的體現者，視《周易》經傳為總結歷史經驗、正確處理君、臣、民三者關係，借以安民治國，順利進行各種社會活動的教科書，體現了義理學派的易學觀。後來李杞著《用易詳解》，則更加明確標示以史證易的特別用意。這樣，引史證經之風大倡，就進一步增強了《周易》一書在經學史上的地位。

## 朱震對象數學的整理和解說

朱震是南宋象數學派的代表人物，也是一位易學史家。他曾為宋高宗講解《周易》，著有《周易集傳》，附有《易圖》和《易叢說》，對兩漢以來的易學流派，以及北宋以來易學的發展都作了探討，初步整理和解釋了漢易的卦氣、納甲、五行、飛伏、互體和卦變等說，尤其推崇卦變和互體兩說，並從理論上作了較為詳細的闡述和辯解，企圖恢復被王弼所分裂的象數之學的傳統。

朱震認為，卦變說是《周易》的正統，所以古人講解《周易》原理，沒有不講變易的。《周禮》說三易「其經卦皆八」，而別為六十四卦，是講卦變說；《左傳》記載「所謂之某卦者」，即變卦說，是講卦變；孔子作十翼，《彖傳》講剛柔往來，《繫辭》講剛柔相易，《說卦》講乾坤父母卦生六子卦，也都是講卦變。所以孔子之後解說《周易》的人，也多主卦變說。如京房的八宮卦變為六十四卦說和飛伏說，荀爽的乾升坤降說，虞翻等人的旁通說，李之才的卦變說等等。甚至宋易中義理學派的程頤、張載也都講卦變。即使王弼竭力排斥卦變說，實際上注解《周易》也用卦變，可以說是「終日數十，而不知二五」。

那麼，為什麼講解《周易》不能離開卦變呢？朱震以體用範疇對卦變說作了理論上的解釋。一卦六位是其體質，爻象上下往來，變化於六位之中，是其功用。卦畫奇偶之象合一，體質與功用同源，體用相資，其變化即無窮盡。離開了「用」，則無變易可言，也就無所謂《周易》。也就是說，卦變說乃卦爻象變易之用的集中體現。

朱震推崇卦變，是為了引出互體，通過互體解說《周易》。他認為，互體是漢易的傳統，但也有長期的歷史，可以追溯到春秋時期，《左傳》周太史為陳侯占卦，即講互體。王弼雖然譏諷互體，可是他注解「睽卦」六三爻辭，以自初爻至五爻成困卦之象，也是用互體。唐代崔憬以「中爻」為二三四五爻，就是京房所說的互體。總之，為了從卦變說明卦爻辭的意義，不能不講互體。

對於互體說的內容，朱震的解釋比漢易更為廣泛，除漢易所說的二至四爻、三至五爻為互體卦之外，其上下二體也是互體的形式，甚至這些卦象背後隱伏的對立卦象，也可稱為互體。這樣，互體的範圍進一步擴大了，就可以更加靈活地對卦爻辭加以比附。

朱震講卦變、互體的目的，是為了更好地貫徹漢易的取象說。因此，他不僅認為八卦所取之物象不能拋棄，進一步探討了《周易》取象的體例，而且為取象說提供了一套理論。他說，一卦之象乃一卦之體，《周易》書就是以卦象為其結構的。伏羲設卦本來是教人觀察卦象，用來推測吉凶，後來的聖人如文王，憂慮一般人的智力不足以觀卦象而知吉凶，不得已而繫之以卦爻辭，用來明確地告訴卦象的吉凶。象又分為卦象和所取之物象，即奇偶爻位之象和天、地、雷、風、水、火、山、澤等物象。而王弼由於排斥物象而排斥卦象，進而離卦象而求義理，是完全錯誤的。據此，朱震又對《說卦傳》中的取象說詳加注解和考證，對漢易以來的取象說作了一次總結。

由於堅持取象說，並受張載和程頤二家的影響，朱震一方面以氣解釋太極，在哲學上終於導出以氣為世界本原的結論，成為南宋氣論哲學的闡發者；一方面又發揮了程頤的「體用一源」說，為宋明哲學中氣學派本體論的形成奠下了基礎。其對漢易和北宋以來象數之學的整理和解說，不僅為象數派易學提供了一套理論體系，也具有一定的史料價值，對清代漢學家研究漢易和圖書學派的演變，起了很大影響。

## 心學派的易說

心學派的易學肇始於北宋哲學家程顥（一〇三三—一一〇七），奠基於南宋哲學家陸九淵（一一三九—一一九三），而其大弟子楊簡（一一四一—一二二五）著《楊氏易傳》和《己易》，則發展出一套易學體系，成為宋易中以心性解《易》的代表人物。

楊簡以人心為其易學的最高範疇，認為聖人作《易》繫之以辭，就是發揚人的道心，《易》之道即人之心。所以，他解釋六十四卦的卦爻象和卦爻辭，以及《彖辭傳》、《象辭傳》、《文言辭傳》，皆以人心為主，略其象數，視《周易》為心性修養，提高人的道德品質的教科書。由於強調易理即人心，楊氏又發揮了陸九淵的「乾坤一理」說，提出「乾坤一道」說，宣揚卦爻名殊而道一，否認事物之間本質上的差別。他認為，坤乃兩畫之乾，乾乃一畫之坤，乾坤兩卦從表面上看，分陰分陽，但這只是形式上、名義上的差別，而實質上並無差異，這就是所謂「乾坤一道」，「乾坤之實，未始不一」，乾道之外不再另有一個坤道。乾坤如此，八卦、六十四卦，以至於三百八十四爻莫不如此，都是「名殊而道一」，卦爻雖異，卻並無本質上的區別。其道之所以為一，是因為事物的變化皆出於吾心之變化，天地萬物皆在吾心之中。以道心觀之，天地萬物並無差別。人們看到事物的差別，那是由於意識加以區別而造成的干擾，「人惟意動而遷，自昏自亂自紛紛」（《楊氏易傳・睽卦》）。

此種學說，追求卦爻象和事物的同一性，從而否認事物之間的本質區別，最終又將事物的差別歸於人心的產物，以人心或道心為事物的本原，充分體現了心學派解《易》的特色。

楊氏之所以以《易》道即人心，以卦爻象和事物的變化與差別出於人心，其理論思維的根源在於不區別天和人。因此，在天人觀上，又提出「天人一致」、「天人一本」、「三才一體」等命題，作為其易學的基本原則。

他認為，天人不分彼此，人心即是天道，天道不在人心之外，所以，天地萬物的變化也就是吾心的變化。天之清明出於我心性之清明，地之博厚出於我形體之博厚。天地日月，四時萬物以及卦爻辭莫不出於我心之性。這就是他所說的，「天，吾之高；地，吾之厚；日月，吾之明；四時，吾之序；鬼神，吾之吉凶」（《楊氏易傳・文言》）。

《周易》及其所講的天地變化之道，不過是我之本心的放大。物我一體，內外合一，不容分割。這是對陸九淵「宇宙即是吾心，吾心即是宇宙」的進一步發揮，實際上是認為人心可以支配客觀世界的變化，是天地萬物、萬事萬理的總根源。這就將心學派的觀點引向了以自我意識為核心的本體論，即心本論，對宋明哲學的發展，尤其是王陽明一派哲學的發展起了重要影響。

## 功利學派的易說

南宋功利學派的代表人物是薛季宣、陳傅良、葉適和陳亮。他們作為儒家學者，同樣推崇《周易》，以其為闡述事物變化原理和君子進德修業學問的經邦濟世之書。由於在學術上提倡研究與國計民生息息相關的問題，反對空談哲理，此學派在易學上著重研究了道器關係問題，提出道不離器說，同程朱學派展開了辯論，為其道義不離事功的功利主義原則提供哲學依據。可以薛季宣和葉適為其代表。

薛季宣吸收程頤體用一源說解釋道器關係，以道為體，以器為用，體用不能分割，道器也不容分離。他認為，道為形而上，器為形而下，二者雖然有區別，不能稱器為道，但道卻不遠離事物，而常存在於形器之中。作為無形的道，如果離開有形的器物，就會無所適從。只有愚昧的人，才將道與器分割，離器而言道。他批評離事言理，離器求道是「空無之學」，認為雖然不能說它毫無所見，但對處理事務並無用處；這種學說不懂得道器不二，實際上是既不懂得器，也不懂得道。灑掃應對，雖然是形而下之事，禮儀之一，但形而上的道即寓於其中，這就是古人所說的「道無本末」，不能以道為本，以器為末。

照薛季宣所說，道器不二，不相分離，但重點是講道不離器，道即在形器之中，並非獨立自存的東西。

南宋哲學家葉適（一一五〇—一二二三）進一步發揮了薛氏的道不離器說，認為「其道在於器數，其變通在於事物」。先王之道是通過器物流傳下來的，其器物喪而不存，或殘缺不全，其道也就暗而不明了。因此，要發揚先王之道，必須考察其形器，此即「欲折衷天下之義理，必盡考詳天下之事物而後不謬」（《水心別集・進卷・大學》）。否則必然流行於空談。

他的結論是：「物之所在，道則在焉。」（《習學記言・皇朝文鑒一》）道作為抽象的東西，雖然不固定在某一物體上，但卻不能脫離個體事物而存在，「道雖廣大」，「而終歸之於物」，物在則道在，道不離物，二者不容分割。

功利學派的「道在物中」、「道不離器」的學說，不承認脫離個體事物而永恆自存的道，沒有放之四海而皆準的抽象原則，對程朱派的理本論是一個沉重的打擊。他們強調事物的原則和規範不能脫離有形的個體和具體物象，道德修養的最高境界不能脫離實際生活和實踐的效果，反對道學家們脫離國計民生而空談道德性命的說教，對於我們貫徹實事求是的思想路線，發揚理論聯繫實際的優良傳統，反對教條主義，克服注重理論爭論而忽視實踐探索的錯誤傾向，也有重要的啟發意義。

# 第六章　元明易圖學的流行

元明兩代是宋易深入發展的時期。元朝建立之後，由於統治者大力提倡儒學，規定科舉考試科目以朱熹注為標準答案，程朱理學遂成為官方的經學。明代又頒布《周易文詮》和《周易大全》，標誌著宋代的經學即宋學終於代替了漢唐經學《五經正義》，成為占統治地位的學術形態。就易學說，朱熹的《周易本義》則成為官方認可的權威性典籍。

元明兩代先後出現了一批注疏《周易本義》的著作，如元代胡一桂所著《易本義附錄纂疏》和《易學啟蒙翼傳》，以《本義》為宗，取《朱子文集》和《朱子語類》中講易理者作為附錄；取儒家各派與《本義》相合的易說作為纂注，並於《翼傳》中解說朱熹所肯定的象數之學。其子胡炳文又著《周易本義通釋》，其學生董真卿著《周易會通》，也都闡發朱熹的易學。

明朝胡廣奉明成祖之命所編《周易大全》，即以胡氏所著為藍本，並抄錄諸儒易說，斷之以程朱之義而成。《周易大全》的頒布和流行，意味著程朱派易學，特別是朱熹易學取得了統治地位，產生了巨大影響。但是，由於唯程朱易學是從，實際上成了資料性的匯編，學術上並無多大價值。

由於朱熹易學並不一概排斥象數之學，元明兩代，河洛之學和邵雍的先天易學皆有所發展，頗多創新。元明兩代的象數之學提倡以象解易，因而提出了各種各樣的圖式，解說《周易》原理，逐步形成了易圖學。

易圖學是宋代圖書之學的新發展。自宋初陳摶開始以圖式解易以來，經過宋元到明代，此風愈演愈盛。明代易圖學的流行，標誌著象數之學發展的高峰。此派易學還同當時的自然科學知識結合起來，或援引天文、地理、物理、醫學和算學知識解說其易理，或以象數法則總結自然科學的成果，成為古代自然科學理論思維的闡發者。

元初道教大師雷思齊繼承劉牧、邵雍的易學傳統，推衍出許多圖式，以九宮圖為核心解釋《周易》原理，主有數而後有象，是數學派解易的代表。而俞琰、張理和肖漢中等人，雖然也以圖式解易，但主有象而後有數，又發展了象學的傳統。到了明代，象學一派則成為象數之學的主流。此派易學不僅主取象說，而且兼論理和數，同程朱派的取義說展開論爭。著名易學家來知德即其代表人物。其後方以智父子解釋《周易》經傳，繼承了象學的傳統，又吸收了數學派的觀點，對元明以來的象數之學作了一次總結，使象數之學發展到了高峰。

相反，元明義理學派的易學則相對薄弱。元代的義理學派特別是理學派，解釋《周易》經傳，大都因循程朱教義，不敢有所異同。到了明代才敢於有所非議，尤其是氣學派的代表人物，對程朱易學公開進行了抨擊。

著名經學家蔡清（一四五三—一五〇八）因受張載和薛瑄易說的影響，第一次提出對朱熹易說應有所異同，主理象合一，批評了朱熹離氣言理的觀點，試圖將理學引向氣本論的道路。在他的影響下，羅欽順進一步提出理氣為一說，公開批評朱熹的理本論，逐漸從理學派中分化出來，成為氣本論的倡導者。

其後，黃佐在羅欽順的影響下，進一步批評了朱熹的理先氣後說，並且以太極為氣，提出了理氣無先後說，完全是對理學的背叛。而後，明代哲學家王廷相（一四七四—一五四四）、王夫之全面闡發了氣論哲學，對宋明易學及其哲學的發展作出了傑出貢獻。由於明代心學的流行，易學中的心學派也有所發展。他們以心解易，以內心的修養方法和精神境界解釋《周易》卦義象和卦爻辭，從而建立起心本論的易學體系，可以湛若水和王畿為代表。

心學派也援引禪宗教義解釋《周易》經傳，禪宗中的一些人也以易釋禪，又形成了禪宗易學，成為明代心學派的一個支流。

## 吳澄與象學

吳澄（一二四九—一三三三）是元代大儒，也是著名的易學家，著有《易纂言》和《易纂言外翼》。其注解《周易》經傳文，多本朱熹之義，並不屬於象數學派。但由於受象數學派的影響，對象數之學頗感興趣，並支持象學的觀點。如黃澤著《易學濫觴》，專以象學為本，吳澄為之作序，極為贊賞。因此，他的易學也深入探討了象數問題。

吳澄認為，《周易》的內容取決於象，「犧皇所畫之卦謂之象，文王所名之卦名謂之象，彖辭卦辭泛取所有之物亦謂之象」（《易纂言外翼．自序》）。所以，他所注的《易纂言》主取象說，將每卦的卦爻辭都分為兩部分加以注釋，一層為「象」，一層為「占」。如其注「乾卦」卦辭說：「三畫皆奇之卦名乾而象天。……元亨，占也。……利貞，占也……」注九二爻辭：「見龍在田，象也

「……利見大人，占也……」

據此，《四庫總目提要》評論說：「澄為《纂言》，一決於象，史謂其能盡破傳注之穿鑿」，認為與程朱易說不盡相同。其《易纂言外翼》又有《象例》一文，專門探討《周易》所取之物象，分為上、中、下三篇，上篇言取象於天和取象於地者，中篇言取象於人者，下篇言取象於物者，包括動物、植物、服物、食物、用物及色彩、方位、時日、名、數等等，是十二篇專文中最為詳備的一篇。他還對河圖洛書，邵雍的先後天方圓諸圖以及卦變、互體等說都做了解釋。足見其對象數之學，尤其是象學的重視。

由於主取象說，他又以天地陰陽之氣解釋陽奇陰偶卦畫，從而在易學哲學問題上討論了理氣關係問題。他取朱熹說，認為所謂易，即陽奇陰偶互相更換而為四象八卦；所謂太極，即主宰一陰一陽相易之理。但又反對將理氣區別為兩個實體，以為太極之理並不脫離陰陽二氣。「太極與此氣非有二物，只是主宰此氣者便是。非別有一物在氣中而主宰之也」（《宋元學案．草廬學案》）。

這就揚棄了朱熹「理與氣決是二物」或「二物渾淪」說，並以此種觀點解釋了《易傳》「一陰一陽之謂道」的命題。

據此，又在哲學問題上闡發了理在氣中說，認為自未有天地之前，至既有天地之後，一切存在的現象只是陰陽二氣。此陰陽二氣本只是一氣，分而言之，則稱為陰陽。就陰陽之中再細加區分，則為五行，然而五行即是二氣，二氣即是一氣。氣之所以能夠如此，是因為有理為之主宰。但所謂理並非別有一物在氣中，只是作為氣的主宰而已。所以說「無理外之氣，亦無氣外之理」（同上），理氣不相分離。此種觀點，實際上是不贊成理先氣後說。

他進一步分析說，「理在氣中，原不相離」（同上），老子卻以為先有理而後有氣，而張載、朱熹只是批評他的有生於無之說，其實「無」字是指「理」而言，「有」字是就「氣」為說。這就以「理在氣中」說反對了老子以來的「有生於無」說，揚棄了朱熹理先氣後的理論，也克服了張載只講氣而忽視理的理論缺陷。

總之，吳澄易學雖然不屬於象數學派，但由於受象數之學的影響，深入研究了象數問題，其所提出的以象解易的原則，表示了元代易學的新傾向，從而對程朱派的易學，特別是朱熹的易學哲學有所修正，對元代象數學派頗有影響，並成為明代理學向氣學轉化的先驅。

## 張理對《太極圖說》的解釋

張理是吳澄後學。他繼承北宋以來圖書學派的傳統，效法劉牧、邵雍、朱震等解易的學風，以各種圖式解說《周易》原理和卦爻象的意義，企圖將《河圖》、《洛書》、《太極圖》、先後天圖等糅合起來，提出一個以陰陽五行為間架的世界模式，用來解釋世界的變化過程及其法則，成為元代象數之學的代表。

張理的象數之學十分推崇《河圖》、《洛書》，以其為世界的基本模式。在其易學著作《易象圖說》中，他提出了許多易學圖式，解釋《繫辭傳》和《說卦傳》中的有關詞句，其中最重要的圖式為《河圖》和《洛書》，因為圖書乃八卦之象的根源。因此，他首先解釋了陳摶的《龍圖序》一文。認為龍圖三變之後，形成兩個圖式，即五行生成圖和九宮圖，前者為《河圖》，後者為《洛書》，如天圓地方相互配合而成世界一樣，二者缺一不可。

《河圖》主天象，為體；《洛書》主地形，為用。體立而用行，天地之數相交乃成八卦。《河圖》之數效法天象左轉，乃渾儀歷象之所由制；《洛書》之數自右分布，效法地之方，乃封建井田之所從出。方圓二圖相互包含，天地萬物的變化也就皆在其中了。值得注意的是，張理還將邵雍的先後天二圖式納入河洛二圖之中，認為乾南坤北的先天八卦方位來於《河圖》，離南坎北的後天八卦方位來於《洛書》，並以此解釋世界。這是宋易中圖書之學的進一步發展。

為了將《河圖》、《洛書》和先後天說糅合在一起，張理突出解釋了周敦頤的《太極圖說》，並以周氏太極圖統率其它圖式，制定了一個宇宙形成和世界結構的模式。他認為，周敦頤的《太極圖說》全文，是對《繫辭傳》「易有太極」章的解釋，既是講卦象形成的過程，也是講天地萬物形成的過程。據此，他提出了許多圖式，解釋《太極圖說》。

其《易象圖說內篇》有太極生兩儀之象，兩儀生四象之象，四象生八卦之象，《外篇》有太極圖，三才圖，五氣圖，七始圖等圖象，對此加以解說。陰陽奇偶，四象八卦，陰陽五行之氣，五行生成之數，河圖洛書圖式，先天後天圖式，天象日月生辰，地象山川草木，以及所成就的各種功業納入其中。

在《易象圖說外篇》又將四象八卦圖式分列為八種：四象八卦六節圖，四象八卦六位圖，四象八卦六體圖，四象八卦六脈圖，四象八卦六經圖，四象八卦六律圖，四象八卦六典圖，四象八卦六師圖。並分別配以天時氣候，人體結構，儒家經典，音樂聲律，國家官制，軍隊編制等等，作為世界萬物構成的模式。

這些圖式表明，就卦象的形成說，從太極到八卦，乃從一到二三四五六七八九連續增加，由簡單到複雜逐漸展開的過程，並體現著奇偶二數相反相成的法則。就世界觀的意義說，太極為一氣混而未分，從太極到六十四卦，即元氣自身分化為陰陽五行之氣，進而形成天地萬物的過程。萬物各具五行之氣，又都歸結為陰陽二氣。

這樣，其太極圖說，又成了以陰陽五行為間架的世界構成的理論。

整個世界，包括自然界和人類社會的各個方面，依陰陽五行的關係，形成為一個相互聯繫的多層次的系統。

這種聯繫，既存在於河洛二圖式中，又存在於先後二天圖式之中。河圖與先天圖表示時間上的聯繫，如一年四季的變化；洛書與後天圖則表示空間方位的聯繫，如地理區域的劃分。處於其中的個體事物，分別屬於某一個層次，又按照陰陽五行的關係相互影響。

經由張理的解釋，周敦頤的《太極圖說》又獲得了世界模式和宇宙系統論的意義。這是張理易學的一個重要貢獻。

尤其值得指出的是，張理還援引《黃帝內經》中的陰陽五行學說，解釋其易學圖式，說明人類的生理結構同天地之象和氣候變化的聯繫，以及生理結構之間的內在聯繫，將醫學知識同易學結合起來。如前面所說的四象八卦圖式，其中有三個圖式就是用來解說人的形體和生理結構的。

四象八卦六位圖（圖十四）配以人形體，乾為首，坤為腹，震巽為股肱，坎耳離目，艮鼻兌口。四象八卦六體圖（圖十五）配以五臟六腑，則兩儀為上頂下閭，陽為背脊，陰為膺胸，剛為尻骶，柔為少腹，乾至巽為腰，震至坤為臍，離為心，坎為腎，兌為肺，艮為肝，其中宮為脾。

四象八卦六脈圖配以人體六脈，則兩儀為君火和寒水，天象中的六象配手之三陽三陰，即陽為太陽，乾為少陽，兌為厥陰，陰為少陰，離為陽明，震為太陰；地象中的六象配足之三陰三陽，剛為太陽，巽為少陽，坎為厥陰，柔為少陰，艮為陽明，坤為太陰等等。以此揭示人體同天地氣象、四時變化及飲食起居的聯繫，說明健康和疾病的原因。此種解釋，表現了醫易結合的新傾向，對後來醫學以《周易》圖式解釋生理和病理起了一定影響。

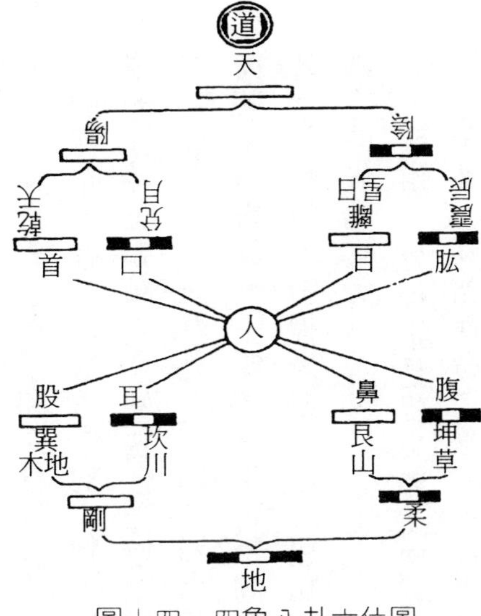


圖十四　四象八卦六位圖

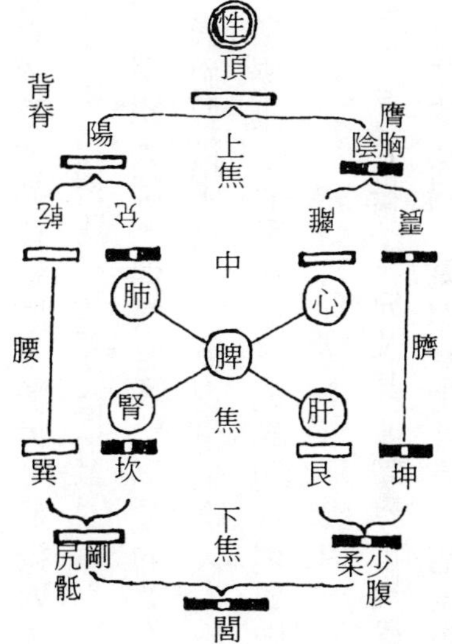


圖十五　四象八卦六體圖

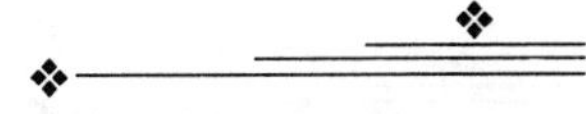

# 理學派易學向氣學派的轉化

明代理學派的易學，從明初開始，內部就存在著分歧，後來逐步尖銳化，到明代中期形成了理學和氣學爭論的高潮，從而推動了明代理學派易學向氣學派易學的轉化。程朱理學派中的人物，從薛瑄經蔡清到羅欽順、黃佐，通過對朱熹易學的注疏主和論，逐漸從理學體系中分化出來，成了氣本論的倡導者。

薛瑄（一三八九—一四六四）是明初理學大師。他沒有專門解易的著作，但所著《讀書錄》主要談易學哲學問題，通過對程朱易學，特別是朱熹《太極圖說解》的解說，對程朱派的理學觀點，有所揚棄，有所發展，成為明代理學向氣學轉化的先驅。

薛瑄十分推崇易學，視《周易》經傳為講世界本原及其運動變化規律的典籍，所謂「易為性命之源」，《周易》所講的陰陽二氣的變化就是天地萬物和人類形成與變化的根源，其理即存在於陰陽二氣的交錯往來之中。要求人們研究易學，不僅要注意書本上的學問，還要研究《周易》之外的易理，即天地自然之易，因為易書之易是對天地陰陽之理的模寫。

因此，他雖然屬於義理學派，卻對周敦頤的《太極圖》、邵雍《皇極經世》的先後天圖以及河圖洛書之學，都作了贊揚和肯定，認為這些著作或圖象，對天地自然之易皆有所發明，不能輕視。

由於受張載的影響，他認為天地萬物都是氣化的產物，宇宙間充滿了氣，其聚散變化，滾滾日新，永無窮盡，所以萬物生生不息。而理作為「氣之所以然」，即氣的本性或本質，氣運動變化的根據，就存在於氣之中，理與氣不相分離。理氣合而為一，渾然無間，有則俱有，不可以分先後。

理氣只有精粗、本末、顯微之分，而無先後之別。如果認為理在先，氣在後，理便沒有著落處而成為懸空之物。而朱熹所說的「未有天地之先，畢竟先有此理，有此理便有此氣」，也無非是說，天地未形成之前，作為天地之氣並未間斷止息，而理就存在於此氣之中。天地萬物形成之後，萬物生生，變化無窮，理也就在此變化的過程中。

理氣二者無須臾之相分離，所以不存在先後的問題。這種理氣觀，揚棄了朱熹一派的理在先說和理生氣說，是對朱氏易學的一種修正。然而，他卻未能拋棄程朱學派的理為氣本說，認為理為體，氣為用，體用一源，顯微無間，有其體方有其用，理是氣的主宰；理不隨氣的變化而變化，氣有聚散，理無聚散，理是亙古不變的，正如月印萬川一樣，水有窮盡，而月體常存。

依據此種理氣不分先後說，薛瑄又用理氣合一的觀點看待理一分殊，說明天地萬物的同一性和差別性。他認為，從天地到一草一木，都是理一分殊的關係。萬物各得一理一氣，分之則殊，合之則一。就天地萬物說，有一個統率者，這就是理一，天地萬物又各有一理，即為分殊；就天而言，天之理為理一，而風雲雪雨之類又各有一理，為分殊；就地而言，地之理為理一，山川草木之類各有一理為分殊；就一草一木說，草木之理為理一，枝幹花葉之理不同，為分殊；就一家來說，家之理為理一，父子夫婦長幼各有其理為分殊。

按照這種說法，整個世界，從自然界到人類社會，存在著許多層次，每一層次之間，都是理一和分殊相互蘊涵的關係。上一層次的分殊，又是下一層次的理一。理一指一類事物的共同本性，分殊指其中某種事物的特性。天地萬物作為最大的類，有其共同本質即是太極，每一物又都稟有此類的屬性，「萬物各具一太極」。但天地萬物作為分殊，又分屬於各自的類別，各有其條理，千差萬別，其共同的本性又存在於此千差萬別的個性之中。這是以類屬關係觀察和解釋世界的結構，說明世界萬物既存在著同一性，又有差異性。整個世界就是一個一般與特殊、共性與特性層層聯結的大系統。

值得注意的是，他從理氣合一的角度解釋理一分殊的命題，反對脫離氣講理一分殊，又是對程朱理學的一個突破。

在薛瑄易學和張載氣說的影響下，明代著名易學家蔡清著《周易蒙引》，依朱熹《周易本義》，闡發程朱派的易學哲學，但又不恪守程朱之說，試圖將朱熹的理本論引向氣本論，從而促使明代理學家逐漸從程朱派中分化出來，成為明代易學中氣本論的倡導者之一。

蔡清（一四五三—一五〇八）易學繼承薛瑄的「模寫」說，提出了「影子」說，認為未有《易》書，已有天地萬物之易，即邵雍所說的「畫前有易」，乃天《易》書之易本為宇宙內所固有，《易》書不過是依據天地之易模寫而成，乃天地之易的影子。所謂天地之易，既包括天地萬物之形象，即陰陽變易之象，又包括天地萬物之理，即陰陽變易之理。

這與朱熹以天地間陰陽消息之理解釋邵雍的「畫前有易」是不同的。其所謂理，與程朱之義也不一樣。理並非懸空之物，而是寓於形器之中。《易》書所模寫的天地陰陽變易之理，即存在於天地萬物之中。此種學說，認為《易》書中的卦爻畫，乾坤、貴賤、剛柔、吉凶、變化等名物，所有的概念、範疇、命題和文句，都不是聖人憑空杜撰，而是對宇宙之內所本有的形象和性情的模仿，視《易》書為客觀世界及其法則的反映，從而將天道和聖人之意統一起來，也即將自然主義與人文價值，客觀存在與主體思維統一起來。此種易學觀，對後來明代易學中象學的發展，如來知德、方以智等人的易學起了一定影響。

由於認為天地之易即是陰陽變易，所以蔡清又著重闡發了陰陽變易學說，將對立面及其相互依存看作運動變化的基本前提。朱熹曾提出易有二義，即交易和變易。蔡清對此備加推崇，並作了詳細解說。

他說，舉凡天地之間的事事物物，以至於《易》書和筮法，不是變易便是交易，二者之外，更無其他。朱子以此二義加以概括，可謂盡善盡美。他認為，卦爻畫的六位，《序卦傳》、《雜卦傳》排列的卦序，《周易正義》所說的「非覆即變」之義，邵雍的先天橫圖、方圓圖式，「天地定位，山澤通氣，雷風相薄，水火不相射」，君臣父子，長幼朋友，內外上下，剛柔文武，以至動物之雌雄，食味之酸咸涼熱等類，陰陽對待，交合滲透，相反相成，皆相交易之義。而在天成象，在地成形，剛柔相推，日月往來，寒暑交替，雷霆風雨之或作或止，海水之或潮或汐，山川之或氣噓之品物流行，或氣吸之品物歸根，動物之或作或息，植物之或枯或榮，陰陽消長，一動一靜，互為其根，皆為變易。二者的關係是，交易為體，變易為用，有陰陽對待之體，方有陰陽流行之用。陰陽對待是陰陽變易的根源，無對待則無流轉；但二者又滲透，陰陽對待之體，亦始於流行之用，流行之用亦成為對待之體。

照此說法，交易與變易，對待與流行，便成了宇宙間一切事物存在和運動的基本形式。他以陰陽對待為陰陽流行的前提，則是用張載氣學中的「兩故化」說解釋朱熹的觀點，是對朱熹陰陽學說的發展。

由於受張載氣論的影響，蔡清又提出「太極陰陽」說，以陰陽合一之氣為太極，並以此說明太極本體同天地萬物的關係，從而將朱熹的理本論引向了氣本論。他認為，太極有兩種涵義：一是筮法即易中之太極或易卦之太極，如《繫辭》「易有太極」章所說的太極。此太極並無實體意義，僅表示揲蓍畫卦程序中兩儀合一的狀態。一是實體之太極，乃後人引申發揮之義，如周敦頤《太極圖說》所說的太極。此太極實體即陰陽二氣合一的整體，乃氣化或天地造化的本原。氣有陽健陰順之性，所以其分開之後，陽氣為天，陰氣為地；二氣交感所生之萬物，又因所稟之氣的不同而別為男女。萬物形成之後，太極又在萬物之中，成為宇宙的本體。

「天地人三才各一太極，太極則兼陰陽」，所以其變化的過程也兼有陰陽兩個方面，不可偏滯於一方。大至宇宙長河，小至蜉蟻，短至一息的一嘘一吸，皆有陰陽動靜兩個方面，即皆有太極之實體。太極作為陰陽二氣之全體無所不在，統貫於一切器物之中，也可以說其小無內，其大無外。這就揚棄了朱熹以太極之理為實體的觀點，從朱熹的理本論轉向了氣本論。

但是，蔡清並沒有從朱熹理本論中完全解脫出來。在理氣問題上，有時他又保留了理先氣後說，又將理氣割裂了。沿著薛瑄、蔡清的理氣合一說走下去，徹底否定程朱理學以理為實體的觀點，則是羅欽順、崔銑、黃佐等人的任務了。

明代思想家羅欽順（一四六五—一五四七）在蔡清的影響下，敢於公開懷疑官方表彰的程朱理學，在薛瑄以來理氣合一說的基礎上，進一步討論理氣關係問題，提出了理氣為一說，批評了理氣「二物混淪」說，明確否定了理的實體性。其後，崔銑著《讀易餘言》，因受蔡清的影響，「不隨朱子腳下轉」，以氣之條理為理，主氣即理說。黃佐則進一步批評了朱熹的理先氣後說，並且提出了理氣無先後的氣本論。這標誌著程朱理學派中的學者，逐漸從理學體系中分化出來，將理學派的易學推向了氣學。

## 心學派易學的發展

宋代楊簡的易學，為心學本體論奠定了理論基石，但其論證尚嫌粗糙，理論思維也較簡單，還不足以與理學和佛學的體系相抗衡。明代是心學流行的時期。心學派的易學，經過湛若水、季本、王畿的闡發，以及佛教禪宗中一些人物的解說，完成了心學本體論的體系，一度成為明代學術思想發展的主流。

明代心學始於陳獻章。其弟子湛若水和王守仁分別創立了甘泉心學派和姚江心學派，成為明代心學的兩大思潮。王守仁雖然提出了「良知即易」說，對後來心學派易學的發展影響很大，但他並不是一位易學家。而湛若水（一四六六－一五六〇）則是一位易學家，著有《修復古易經傳訓測》十卷（已佚），其他解易的論述也不少，在易學史上占有一定地位。

湛若水認為，「心之體即是易體」，人心即卦體，一部《周易》無非是用來啟發人心中因時變易之理的。這就是他所說的「易以注吾心之時也」。《周易》推崇中正之位，既不偏於陰，也不偏於陽，這就是所謂「一陰一陽之謂道」。陰陽二氣中正而無所偏倚即是道。人物繼善成性，皆出於陰陽二氣，得其全者為善，得其偏者為惡。所以中正也是人心的法則。此即其所說，「在卦在心，皆是一理」。有此中正本心，即能體認天理。

據此，湛氏又以氣釋心，提出氣、理、心、性合一說，論證人心與天地萬物同體。他說，《禮記・禮運》篇為什麼講人是天地之心呢？因為天地人同為一氣所化，人之一呼一吸，與天地之氣相通為一，可見天地人合在一處。但人所稟受的氣純粹中正，其精靈者為心。天雖無心，但人得天獨厚，天地之德皆體現在人的身心上，所以人心也就是天地之心。因此，人不僅與天地同氣，又與天地同心，這就是所謂：「人與天地同心同體」，「大人渾然與天地萬物為一體」。

他認為，人心與天地萬物的關係，即程頤所說的「體用一源，顯微無間」的關係。心為體，為微；外物為用，為顯；體在用中，用在體中。以此論證人心包涵天地萬物，又貫通於天地萬物之中；天地萬物不在人心之外。天地萬物的功用，皆是我心之功用，「天地萬化在我矣」。這樣，人心又成了支配天地萬物變化的主宰。此種天人一體說，又為心學本體論的發展開闢了一條新的途徑。

明代理學家王守仁（一四七二—一五二八）的學生王畿（一四九八—一五八三），繼承心學派以心解易的傳統，進一步發展了王守仁的「良知即易」說，以良知為易學的最高範疇，進而論證良知為天地萬物的本原，成為王門心學派以心解易的代表。

他認為，先師王守仁倡明良知之旨，《易》道始明。神、氣、性、命無非是良知的表現，良知是一切變化的根源，伏羲畫卦，文王、周公作卦爻辭，孔子贊《易》，也無非是闡明此良知而已。良知是《周易》形成的根源和最根本的法則。所謂「良知」即人心所固有的道德境界。所以說易為心易。因此，他又以心釋氣，認為良知之流行即是氣，氣之靈者即是良知。氣充滿天地之間，無所不在，聯結萬物為一體；良知作為氣之靈者，貫徹於萬物之中，無所不照，將人我內外渾而為一。這又是以心氣為一說論證天人一體，進而導出良知為造化的精靈，心為天地萬物本體的結論。

由於王守仁的念念致良知說，特別是王畿以頓悟說解釋致良知的修養方法，容納了禪學的觀點，在王門心學內部又掀起了一股儒佛合一論的思潮。在這種學風的影響下，儒家心學和佛家心學派中出現了一批以禪宗觀點解釋《周易》的人物。泰州學派的焦竑著《易筌》，以禪心為易，公開倡導儒佛合一。方時化著易書六種，「不脫佛家之宗旨」，「總以禪機為主」（《四庫總目提要》）。張鏡心著《易經增注》，以「不著一念」為心之本體，以人之思慮為「客塵妄想」，主不思不慮以恢復心的良知本體，也是以禪宗學說解《易》。而禪宗中的佛學大師真可，寫有《解易》一文，則提出易有性情之說，認為《周易》中的卦爻辭就是用來顯示佛性的，以此宣揚清靜心為本體的觀念。

明末佛學大師智旭著《周易禪解》一書，認為《周易》與禪學並無本質差別，可以互相印證，因此他的解易原則是「以禪入儒，誘儒知禪」，並提出了「易即真如之性」的命題，以此宣揚佛教「青青翠竹，總是真如；郁郁黃花，莫非般若；牆壁瓦礫，皆有佛性」，以真如本心為世界本體的學說。從而成為禪宗心學派解《易》的代表。

心學派以心解《易》，其目的在於強調提高人的內心修養的境界。湛若水以易理為人心之理，本心中正即是天理，所以涵養此心，即「隨處體認天理」，使它不受物慾和習氣蒙蔽。王畿以易為心易，闡發良知即易說，認為學易的目的就是清除慾念，不使一念不善萌發於心中，以保持或恢復本心之良知，提高自己的道德境界。禪宗心學派提出易即真如說，強調要領悟真如本體，保持清淨佛性，不受作為萬千現象的無明所蔽，以超脫生死輪迴，進入涅槃世界。

此種學說，對於在個人主義、拜金主義、享樂主義氾濫的情況下，加強精神文明建設，以保障社會健康發展，也有重要價值。

## 來知德的象數之學

來知德（一五二五—一六〇四）是明代中期的著名易學家，象數之學尤其是象學解《易》的代表人物。由於吸取理學派的觀點總結象學的發展，其易學的概念、範疇和命題，多來於朱熹的《周易本義》，從而使其易學自成體系，頗多創新，為象數之學的發展開闢了一條新的途徑，當時推為絕學。

### 對陰陽魚太極圖的改造

以圖象解說《周易》，開始於北宋初年，經過宋元到明代，此風愈演愈烈。來知德就是一個突出的代表。一九八九年巴蜀書社影印出版了校訂本《易經來注圖解》一書，卷首製有圖象三十六幅，卷末附圖一百零七幅。在來氏看來，任何抽象的易理都可以用圖象加以解說：「三才」有圖，「一陰一陽之謂道」有圖，「復見天地之心」有圖，「製器尚象」有圖，「體用一源」有圖，《河圖》、《洛書》之前還有太極河圖。其中最為推崇的，可能是元明以來相傳「古太極圖」，如明初趙撝為謙《六書本義》中所錄的陳摶的《先天太極圖》，即後人所說的陰陽魚太極圖，錄其圖式示於圖十六。

此圖式趙撝為謙（一三五一——一三九五）稱為「天地自然之圖」，認為其中有「太極函陰陽，陰陽函八卦自然之妙」，是造化的樞紐，萬世的本原。來知德認為

圖十六　天地自然圖

圖十七　來知德太極圖

此圖是聖人作《易》的根源。由於受理學派易學的影響，他又在這個圖的中央加了一個白圈，稱為「圓圖」，又叫做「太極圖」，放在所有圖象的最前邊。錄其圖式示於圖十七。

在來知德看來，此圖式中，陰陽魚互抱之象，既表示陰陽對待，又表示陰陽流行，陰陽既為氣又為數，合而為一；當中白圈為主宰之理，此理即寓於陰陽氣數之中。理象氣數，陰陽老少，往來進退，常變吉凶，以及《周易》中的一切原理，皆在此圖式之中。來氏此圖以氣為理存在和流行的基礎，以理氣合一解釋太極，是對朱熹理先氣後說的揚棄，在易學史上是一種突破。但由於來氏「圓圖」不如「陰陽魚圖」那麼優美流暢，而所表示的陰陽消長說的內涵基本一致，未能廣泛流傳開來。相反，陰陽魚太極圖不僅準確而形象地概括了古代陰陽學說的基本內容，而且圖案簡明而優美。這是中國人長期探索陰陽學說的智慧的結晶。它作為中國古代文化的一種標誌，理所當然越來越受到了人們的推崇。

## 舍象不可以言易

來知德認為，《周易》一書的內容，不過象、辭、變、占四者，而卦爻象是基礎。伏羲、文王、周公三聖之易，皆依據卦爻象揭示或解說其事理，所以「舍象不可以言易」。取象就是其易學的出發點。

據此，來氏在《易經雜說》篇專門寫了《象》一文，詳細闡發漢代以來的取象說，並以取象說為中心，提出取象說、錯綜說、爻變說、中爻說四種體例，解釋卦爻辭和卦爻象之間的關係。

兩卦的卦象陰陽爻相反對者，稱為錯卦之象；上下兩體相顛倒者，稱為綜卦之象；某陽爻變為陰，或某陰爻變為陽，稱為爻變之象；卦中二至五爻，其中二至四爻成一卦象，三至五爻又成一卦象，稱為中爻之象。由這些體例，就可以引出多種卦象，然後以其所取之物象，解釋這些卦象，並進而說明卦爻辭與卦爻象之間的聯繫。這是來知德解《易》的主要特徵。這樣，也就使他從理學派中分化出來，成了明代易學中象學的代表人物。

## 有流行必有對待

為了給錯綜說提供理論上的根據，來知德深入探討了陰陽變易的法則，提出了非對待即流行，有流行必有對待的學說。朱熹曾說，易有兩義：一是變易，一是交易。並以陰陽流行解釋變易，以陰陽對待解釋交易。

來知德吸取此種學說，解釋其錯綜卦說。他把六十四卦分為錯卦和綜卦兩大類，錯卦表示天地或男女既對立又相交的規律，即陰陽對待消長的法則；綜卦表示萬物萬事的盈虛消長，即陰陽流行的過程。認為天地萬物，獨陰獨陽，不能生成，所以必有錯卦之象；而陰陽循環之理，陽上則陰下，陰上則陽下，互為消長，故必有綜卦之象。有陰陽流行，必有陰陽之對待，流行即出於對待。如果有陽而無陰或有陰而無陽，剛柔不相摩，男女不相配，也就沒有《周易》的神妙變化，萬物也就不能產生了。

來知德強調，不僅爻象如此，整個世界的變化也莫不遵循這一法則，而《周易》中的對待與流行，無非是天地陰陽之對待和流行法則的模寫。所以說：「陰陽之理，非對待則流行」。對待與流行皆是一陰一陽，前者為體，後者為用，有體則有用，二者不可分離，對待是流行的基礎。此種學說的理論意義，是以對立面的相互作用，解釋世界運動變化的源泉。這無疑是一種辯證的思維，是對易學中陰陽變易學說的進一步闡發。

總起來說，由於推崇象學，主理不能脫離象而存在，來知德對朱熹易學多有否定和突破，包括提出了「理氣不相離」、「道器不相離」的學說，從而從程朱學派中分化出來，走上了氣本論的道路，對後世易學的發展，特別是方以智父子和王夫之的易學起了很大影響。

## 方氏父子對象數學的總結

由於元明以來象數之學的流行，尤其是象學思潮的興起，明代許多易學家成為象學的擁護者，並同其它流派展開了爭論。到了明朝末年，隨著文化、學術思想發展趨勢，易學界出現了總結北宋以來象數之學發展成果的要求。這一任務是由富於象學傳統的著名易學家方孔炤、方以智（一六一一—一六七一）父子擔負起來的。

方孔炤的祖父、父親皆有易學專著，他本人對易學尤為精通，曾三易其稿寫成《周易時論》。去世之後，在其子方以智主持下，由方以智的兒子方中德、方中通、方中履編為《周易時論合編》，成為桐城方氏易學的代表作。其中主要包括三個部分：一是選錄漢唐到明末各家的《易》注，特別是方以智曾祖父方學漸《易蠡》，祖父方大鎮《易意》、《野同錄》，外祖父吳應賓《學易齋集》，其老師王宣《風姬易溯》、《孔易衍》中的文句；一是方孔炤解易的文字；一是方以智所作的按語和解說。此外，書前附有《圖象幾表》八卷，列圖式一百多幅，並作了解說。由此，亦可見明代易圖學的興盛。

方氏父子的易學特別重視象數，以象數之學為易學的正統，認為只有發揚此種傳統，才能防止流於占術和空談義理，方能因時通變以前民用，方能駁倒佛道二教的空虛之學。因此，他們提出了「虛空皆象數」的命題，以充滿天地之間的一切皆有象數的規定，作為其易學的基本觀點。從而對象數之學作了一次總結，並建立起一套易學體系，標誌著象數之學發展的高峰。

## ✖先天即在後天中

自北宋邵雍提出先天易學和後天易學，以先天圖式為伏羲易，以後天圖式為文王易，並以「畫前有易」說解釋六十四卦的形成，在易學史上產生了巨大影響。贊成者很多，反對者也不少。此問題在明代易學界也展開了熱烈的爭論。

方氏易學繼承了邵雍的學說，力辯先天易學乃《周易》的根源。但又吸收程朱以來的「體用一源」說，解釋先天圖式與後天圖式的關係，對邵雍學說作了修正。方氏認為，先天卦為體，後天卦為用，體在用中，先天八卦即存在於文王後天六十四卦之中，並成為文王卦位的根據，二者不可分離。

由此，他得出結論說，《說卦傳》「天地定位」和「雷以動之」二章是講先天八卦圖，「帝出乎震」和「神也者」二章是講後天八卦圖，其實一落奇偶卦畫，形成八卦圖象，就都已經成為後天。

但這兩種圖式之中，皆有陰陽變易的功能，皆為陰陽二氣之神的表法。在這種意義上說，陰陽變易之神也可以稱為先天，其後天則為八卦圖象。因為先天之神即存在於後天圖象之中，所以說「究竟無先無後，惟在此時」，說到底，二者並無先後之分，皆可以歸結為時用。有此時用，方顯出陰陽變化，成就萬物而神妙莫測。

也就是說，先天圖式乃陰陽變易之體制，後天圖式乃其時用，二者融而為一；先天之體即在後天時用之中，先天不能脫離後天而獨立存在，離開後天則無先天。因此，先天之學亦後天，只盡後天，即是先天。

此種學說運用於觀察世界和分析事理，則提出「即費知隱」的命題，強調不能脫離現象去追求其本質；不能脫離對其具體事物之理的研究，去空談抽象的至理；不能脫離經驗而空論經驗之外的東西。運用於道德修養，則斷言離開後天修習別無先天本體，強調下學才能上達，不斷學習，蓄養其品德，方能獲得道德修養的最高境界，有力地打擊了以王畿為代表的心學派放棄後天修習，提倡保存良知本體的修養方法。運用於處理社會事務，則提出「易貴時用，用即是體」，強調不能脫離民事日用而空言道德本性，不能離開器物而空言功用。

方氏還由此引出了「純雜」關係的討論。他說：「先天不能不後天，純不能不雜居」，「純在雜中」，正如水一樣，甘甜可口的水即存在於清濁溫寒等不同的狀態之中。這不禁使我們想起了拔污泥而出水的芙蓉。

古人云：「水至清則無魚，人至察則無徒。」任何事物都不可能單純的清一色。從這裡，難道我們不能受到許多啟發嗎？

## 河洛中五說

自從北宋劉牧提出《河圖》、《洛書》圖式，在易學史上也引起了爭論。《河圖》、《洛書》究竟是怎麼構成的？《河圖》與《洛書》的關係如何？河洛圖式有什麼意義和價值？一直是易學家們所十分關心的問題。方氏父子則對劉牧以來各家的河洛學說作了一次總結。方氏易學不僅推崇邵雍提出的先後天圖式，尤其推崇河洛圖式。認為《河圖》為體，《洛書》為用，但此二圖式又相互效法，相互依存，體用互藏，即圖體藏用，書用藏體，《河圖》之體即藏於《洛書》之用中，因為二圖式皆出於天地之數五十有五。

太極之一分為天奇地偶之數，一二三四與六七八九分居於四方之位，五與十則居於中央，成為《河圖》圖式；《河圖》的中十之數不用，七九之數易位，則為《洛書》圖式。此二圖式中，中五居於中央之位，統率四方之數，成為河洛二圖式的中心。河洛之數即此中五之數自身的展開。

中五之數是怎樣展開而構成河洛圖式的呢？方氏於《圖象幾表》中列有《密衍》圖，並加以解釋，說明河洛圖式形成和演變的程序。其論點是，以中五之中的中一為起點，衍為中五，中五又衍為中十，中十又衍為五行生數一二三四，此四個生數各加中五，又衍為五行成數六七八九，則為《河圖》之數。《河圖》從最中心的中五之一，到外圍共五個層次，乃中五之數形成及其邏輯展開的過程。而《洛書》之數又是《河圖》之數的演變。

方氏不僅以中五說解釋河洛圖式的構成，而且還以其解釋《周易》經傳的文句，視河洛圖式為天地萬物生成變化的模式。於《圖象幾表》中又列舉了許多河洛圖式，涉及到天文、地理、氣象、曆法、醫學、數學、音律、聲韻以及社會政治各個方面。

總之，河洛圖式不僅以其象數表示天地萬物所處的空間方位及其運動變化的時間過程，而且以圖中陰陽奇偶之數的排列順序和層次，特別是陰陽五行之間的關係，說明萬物的生化有其規律，並以中五為核心，將整個世界及其變化聯結為一個整體或系統，使其圖書之學閃爍著辯證思維的光芒。

## 陰陽互藏與五行尊火

自漢易象數之學引入陰陽五行說解釋《周易》，歷代易學家都成了陰陽五行說的闡發者。到了宋代，由於圖書學派的興起，陰陽五行學說又有了新的發展。元明以來的醫學家因受河洛之學的影響，又將河洛之學同醫學中的陰陽五行學說結合起來，說明醫理與生理。在當時自然科學知識的基礎上，方氏父子又對歷代的陰陽五行說作了一次總結，賦予它以新的歷史意義。

方氏易學吸收中國古代「虛空即氣」的觀點，解釋陰陽和五行的起源和性質，認為天地之間充滿了氣，一切有形的和無形的東西，都是氣化的產物。一氣自身分化為陰陽二氣，陰陽又分化出五行之氣，五氣凝聚成形則為五材，即水、火、木、金、土，五材又隱藏著五氣，五氣各具陰陽之性，彼此相制而相成，最終又歸於一氣。陰陽五行皆一氣流行的產物。但氣分化為陰陽和五行，並非分而相離，而是相互包涵，陰陽即在五行中，一時俱生俱成，沒有時間上的先後，但仍有差別和層次。此種陰陽五行說，將五行分為五氣和五材，而又通過它們的蘊涵關係，將天上的五行之氣和地上的五行之物聯繫在一起，是對以前陰陽五行學說的總結，又使其具有了本體論的意義。

由於重視陰陽以及五行之間的涵蘊關係，方氏又闡述了「陰陽體用互藏」和「五行互藏互化」說。他認為，陽氣無形體，以陰為體，此陰之體，又以陽為用，陰陽互為體用，互相包涵。陽總是藏於陰之中，成為主導。此即陰陽體用互藏，又叫做「陰陽自輪為主客體用」。因此，「物物有水火，物物有坎離」，任何物體皆有兩重性。

關於五行，方氏不僅區分了五氣和五材，而且詳細分析了五行各自的性能。認為水為濕氣，火為燥氣，木為生氣，金為殺氣，土為沖和之氣能調合各種氣，所以水火金木四氣皆依土而成形為五材，土形為五材之主。五行相生相剋，而又互藏互化。如海水夜而發光，燒酒能發熱，因為水中藏有火的成分；積雪融化凝為泥沙，因為水中藏有土的成分。地中的土氣受太陽照射而蒸發，其中含有火性，所以上升，遇冷又化為水氣成雲；如果日照積久，地氣乾燥，乾燥之極則化為火，火燃土石為灰燼，從地中湧出則成為火山。

總之，五行之氣相互包涵，一行中含有四行，自然物性所以有差別是因為所稟受的五行之氣的多少強弱不同。

然而，五行之中也不是沒有主次之分。五行說到底可以歸之為水火二行，因為水火二氣乃陰陽二氣的代表，從易學說，坎離是乾坤之正用。關於水火二氣，方氏更推崇火氣，認為五行以火為尊，火為五行之宗主，此即「五行尊火為宗」。世人只知道火能生土，其實，金非火不能煉成，水非火不能升降，木非火不能向榮。火氣無形體，善於變化，所以成為萬物生成變化和生命的源泉。

方氏易學以此種陰陽五行學說解釋自然現象的特徵和變化的過程，說明物質世界的多樣性和統一性，就將陰陽五行學說發展到了一個新的水平，從而進一步豐富了張載以來的氣論哲學。

## 太極即在有極中

自北宋周敦頤著《太極圖說》，易學界對太極無極關係問題也展開了長期的爭論。方氏易學吸收程朱「體用一源」說，在其「先天即在後天中」理論思維的基礎上，總結了以前的太極觀，圍繞太極問題討論了本體和現象的關係，從而建立起象數之學的本體論體系。

方氏的太極觀較有特色的是，提出了三極說，即無極、有極和太極，論證「太極即在有極中」這一本體論的命題。卦爻畫有形稱為有極，卦爻畫之所以然無形叫做無極，而既不偏於有，又不偏於無，貫通有極與無極而為一體者，就是太極。因為太極不落有無，所以它其大無外，其細無間，滲透於一切方面。太極與有極和無極的關係，即「體用一源，顯微無間」，但方氏將「一源」和「無間」理解為體只能存在於用中，微只能寓於顯中，本體自身就包含了差異。因此，太極作為有無的統一體，即寓於有極和無極之中，而無極即在有極中。也就是說，太極即在有極中。太極作為本體，不能脫離卦爻象和具體事物而孤立存在。

依據此種學說，方氏尖銳批評了太極為虛無或混沌的觀點，而以理氣合一為太極，進而討論了本體與現象的關係，認為現象乃本體的展開，本體即在現象中，不能離開現象而單獨存在，反對廢棄人倫物理追求本體世界。從而將易學中的元氣說納入了本體論的體系，在易學史上做出了突出貢獻。

## 相反相因與交輪之幾

方氏易學不僅探討了本體與現象的關係，還對現象世界作了分析，研究了其存在與變化的規律，提出了「相反相因」和「交輪之幾」的命題。

《圖象幾表》中錄有《文王卦序圖》和《卦序說》，解說六十四卦的排列結構。其中認為，六十四卦由八卦組合而成，此種配合表示，陰陽卦象既相對待，又相交合，如乾坤二體合為泰否，坎離二體合為既濟、未濟，體現了相反相因的原則。又吸收來知德的錯綜說，將六十四卦歸結為三十六個卦象，稱正相對錯的八卦為「正對」，相顛倒的二十八卦對「顛對」。「對」即對待，又稱為「反」。相反對的卦象，又相依存，此種相依關係，即稱之為「因」。這種相反相因的關係，既是貫穿《周易》的「綱宗」，又是現象世界的基本規律。

方氏易學還從運動和變化的角度闡述對立面的相互依存和轉化，稱之為「交輪之幾」或「交輪幾」。「交」指對立面相交合和滲透，如坎離相合，水火相交。「輪」謂輪轉，即流行，指對立面相互轉化，如一動一靜、一往一來相推移，盈虛消長等。因其消長盈虛乃一循環往復的過程，故稱為「輪」。「幾」謂幾微，指運動變化的先兆或苗頭，因其細微，故稱為「幾」。

這些概念或術語，並非方氏的創造，以前的易學中就有所使用，但將此三者結合起來，以「交輪幾」說明事物運動變化所遵循的規律，則是方氏象數之學的特有命題。此說強調運動變化的苗頭就存在於對立面的相交和輪替之中，用對立面的相交和推移說明事物變化的原因和過程，也是對以前象數之學辯證思維的進一步闡發。

# 第七章　清初宋易的總結和漢易的復興

明末清初，在國破家亡的衝擊下，湧現了一批具有愛國意識的知識分子。他們不僅參加抗清行動，而且著書立說，總結明王朝傾覆的教訓，從經濟、政治、思想文化各個領域進行大檢討，對中國的未來提出各種設想和改革方案，企圖挽救當時的社會危機。因此，在思想學術方面，出現了批判陸王心學和檢討道學的思潮。在此種思潮影響下，易學領域則出現了總結以前易學成果的趨向。

前述方以智父子即對以前的象數之學作了一次總結；而著名經學大師和思想家王夫之，則站在氣學派的立場，對宋明以來的易學及其哲學作了一次大總結，寫下了許多易學著述。他繼承宋明氣學和象學的傳統，修正了程朱義理之學，批判了心學派的易學，並同邵雍象數之學尤其是河洛之學和先天之學展開了辯論，討論了大量易學和哲學問題，從而完成了建立氣本論的任務，標誌著宋易發展的高峰，也意味著宋明道學的終結。

在批判心學的鬥爭中，學術界又興起了倡導實學的思潮。所謂實學，是針對宋學重義理、輕訓詁，甚至以己意解經的流弊而發的。它包含兩層含義：一是對儒家經典文義的理解，尊重古訓和史實，提倡考據學風，力圖恢復經書的本來面貌；二是研究經書的目的在於經世致用，解決有利於國計民生的實際問題，不是空談道德性命。

實學的興起，對宋學是一種嚴重的挑戰。在實學思潮的影響下，出現了一批學者，從文獻考證和辯偽的角度，同宋易中的圖書之學展開了大辯論，掀起了清算圖書之學的高潮。黃宗羲、黃宗炎、毛奇齡、胡渭等人即其代表。通過這次清理，清代易學從宋易轉向了復興漢易的道路。

到了乾嘉時期，由於清王朝推行文化高壓政策，實學中的經世致用思潮受到壓制，而注重文字訓詁和文獻考證的經學受到王朝的重視，並逐步流行起來，形成了以考據之學為中心的漢學，標誌著經學史上的又一大轉變。漢學的興盛，對《周易》經傳的研究同樣起了重要影響，即從對宋易的批判走上了復興漢易的道路。復興漢易的代表人物有惠棟（一六九七—一七五八）和張惠言（一七六一—一八〇二）。

惠棟是漢易的倡導者，張惠言在惠棟的影響下，專攻虞翻易學，又標誌著清代漢學家對漢易的研究走上了專門和深化的道路。此派易學以推崇和解說漢儒象數之學為己任，皆篤守古義，不敢有所創新，表現了唯漢易是從的學風。另一派漢學解《易》的代表人物是焦循（一七六三—一八二〇）。他解釋《周易》經傳，不同於惠、張的學風，主會通百家之學，不墨守一家之言，企圖依漢人解易的精神，獨闢蹊徑，建立自己的易學體系，成為清代漢學家解易的殿軍。一般說來，清代漢學家的易學，缺乏探討哲學問題的興趣，在理論思維方面很少建樹。就此而言，又意味著古代易學及其哲學由高峰走向了衰落。

## 王夫之對宋明易學的總結

王夫之（一六一九—一六九二）是中國古代集大成的哲學家，是一位集大成的易學家，學者稱他船山先生。其哲學體系同以往的大哲學家一樣，也是通過對《周易》的闡發而建立和發展起來的。王夫之一生從事於易學的研究，易學著述十分豐富。他著有《周易考異》、《周易稗疏》、《周易外傳》、《周易大象解》、《周易內傳》、《周易內傳發例》等專門解《易》的著作。其哲學著作

《思問錄》和《張子正蒙注》，大部分內容也闡發其易學哲學觀點。王夫之有關易學哲學的著述，數量之多，論述之深，涉及面之廣，都是易學史上所罕見的，可以說是中國古代哲人智慧的結晶。

王夫之易學繼承和闡發宋易義理學派中氣學和理學的傳統，反對宋易中的象數之學，特別是圖書學和邵雍的數學，進而反對漢易的象數之學，力圖清除漢易開創的象數之學在易學中的影響；融合義理學派中理學和氣學兩家的學說，但又以張載易學為基礎，糾正理學派特別是朱熹的易學觀。

他不滿意王弼的易學，反對脫離卦象和物象純言義理；不滿意程頤易學，反對言理而不言氣化之神；不贊成朱熹易為卜筮之書和將易各自看的論斷，主張占學一理，四聖同揆；尤其反對以太極為理，以理為陰陽二氣之上的本體的學說，而提出陰陽實體說，重新解釋了「一陰一陽之謂道」這一古老命題，建立起氣學派本體論的易學體系，從而將中國古代易學發展到了高峰。

## 占學一理

朱熹曾經提出「易本卜筮之書」的命題，區分《易經》、《易傳》和易學，強調還《周易》一書的本來面貌。王夫之反對朱熹的此種易學觀，認為四聖之易是一致的，伏羲、文王、周公之易不僅講占術，也講天人之理，占筮和學易皆《周易》所推崇，二者不可偏廢。但他特別強調易之占不能脫離易之學，將占筮納入學的領域，即所謂「即占以示學」（《周易內傳發例》）。其鋒芒是反對象數之學以易為占，以占代學，使《周易》流於占術的錯誤，企圖將《周易》一書從古老的神秘主義思想中解脫出來。

在王夫之看來，《周易》一書即包含占與學兩個方面，並非「卜筮之專技」。觀象玩辭，領會卦爻象和卦爻辭的義理，是學易之事；觀變玩占，觀察卦爻象的變化而決疑，是占易之事。但占易也是依據卦爻辭的義理。只有學易，即玩味卦爻象和卦爻辭的義理，提高自己的境界，少犯錯誤，才有條件占問來事。

孔子作《易傳》，其目的就在於教人了解《周易》中的義理，提高道德水平，即易；有了這樣的修養，才能不被吉凶禍福動搖自己的信念。而占筮的目的，不在於企求神靈的保佑，而是從中得到啟示，以啟發理性的自覺。此即「占學一理」，「占與學初無二理」。

按照王夫之的說法，占筮所以不可廢棄，是因為天道變化和人事的變遷至為精細，人的遭遇僅憑通曉一些大道理，尚不足以測定，為了使自己在複雜多變的環境中，乃至凶險的困境中得到解脫，就要從卦爻辭的吉凶斷語中，尋求啟示，以求在憂患之中少犯錯誤。這就對古老的占筮卜問之事給予了人本主義的解釋。

也就是說，當人們遇到疑難大事，而人的智力無法作出判斷時，或忠臣孝子處於無力改變其所處的環境時，無法安定自己的情緒，則求之於占筮以決其疑惑，從中得到啟發，作出判斷，定下決心。因此，王夫之認為，如無重大難解之事，或人力可以左右自己的處境，則無需占筮。

此種占學一理說，實際上是以學易為占易的前提，學重於占，占筮不過是求得心理平衡，啟發人的心智，達到窮理盡性的一種手段而已。

## 論人謀鬼謀

《繫辭傳》提出「人謀鬼謀」的問題，其中說：「天地設位，聖人成能。人謀鬼謀，百姓與能。」「人謀」，指與人圖謀。「鬼謀」，指求助於鬼神。「百姓與能」，指鼓動百姓參與聖人的事業。對此，王夫之作出了新的解釋。他認為，揲蓍成卦的過程，既是人謀，又是鬼謀。從其用四十有九，經過分二、掛

一、揲四、歸奇，導出七八九六之數，以定卦爻之象，有其規律可循，此為人謀。但就分而為二說，每堆蓍草之數的多少，則出於無心而為，不能預定必得某卦之象，此為鬼謀。正因為占筮既有人謀，又有鬼謀，所以人們方能以筮決疑，此即「百姓與能」。他所說的「鬼謀」，並非指神靈的安排，也非某種宗教崇拜的對象，而是「不測之神」，指事物變化過程中的偶然性。偶然的事件，人的智力難以預測，故稱為鬼謀。

在《周易外傳》中，王夫之即用必然與偶然範疇說明人謀與鬼謀的關係。他認為，揲蓍過程中，四營十八變，其數目的變化，有其自身的法則，並且出於人為的推算，「鬼不私而任謀於人」。可是每變之初，分而為二，則出於無心，過揲之數的結果不能預料，「人不得測而聽謀於鬼」，即出於偶然。就分二以後的推算程序說，有其規則，不在於偶然性，「非適然之無端」。就一分為二說，則「用其偶然」，又不存在必然的限度，「非必然之有畛」。這所謂「必然」，包括事物的規律性和演算的邏輯性。

王夫之認為，《周易》中的象數是事物規律的表現形式。規律性的東西靠人來掌握，此即人謀。但某種象數的形式，最初又是出於偶然，非人力所能預測，此即鬼謀。象數兼有二者，既不偏廢鬼謀，又不偏廢人謀，乃偶然與必然的統一。由於占筮有人謀，求之必然，所以不尊鬼敬神；因為有鬼謀，出於偶然，所以又不聽天由命。

而龜卜和其它占卜迷信則不同，龜卜、錢卜排除演算的程序，一切聽任於偶然，有鬼謀而無人謀，結果走向了尊鬼論；禽壬、遁甲一類的數術，又排除偶然性，一切聽之於必然之數，有人謀而無鬼謀，結果又倒向了宿命論。二者可謂異曲同工，只知吉凶禍福，而不知為善去惡，也即知占而不知學。由此，王夫之得出結論，一方面人能掌握規律性，靠人的智慧推論來事，則可以盡天理而普愛天下之人；一方面承認偶然性，對吉凶後果不存在僥幸和尤怨心理，則可以不為吉凶困擾而安心立命，從而達到聖人的境界。此種占筮觀，進一步發揮了儒家盡人事的學說，強調人的理性能夠正確處理自己的命運，打擊了宿命論。

## 易兼常變

關於《周易》的體例，王夫之繼承和發揮了程頤提出的「易隨時以取義」說，認為《周易》的體例，既有定則又無成法，對卦爻辭既不能任意解釋，也不能將某種體例視為固定的公式，到處套用，而應因時取義，哪一種能解釋通卦象和卦爻辭的關係，就用哪一種體例。據此，王夫之討論了常和變的關係，提出了「易兼常變」說，作為觀察和處理人類生活的原則之一。

王夫之所說的常，指常規和常態；所謂變，指反常或變態，其變化難以推測。他認為，從《周易》的象數到自然界和人類社會都存在著常和變兩個方面，二者不可偏廢。卦象和所取之物象為常，揲蓍之數為變。但象雖至常，卻又不勝其繁，沒有窮盡；數雖至變，卻又有其定則。所以常中有變，變中有常，依象可以制數之變，依數可以正象之常。因此，君子據卦觀象，不安於其常，皆信纖芥毫毛細微的變態所必至；因變玩占，又不以非常之變為怪，不因禍福之逆轉，動搖自己的信念。

這樣，既能增加人的智慧，又能提高人的境界。相反，如果違背此種常變關係，守其常態而不知變，乘其時變而不知常，其結果，或者耳聽於室內，隔牆不聞奏樂之聲，或者心盡於晴朝，不能應付風雨之變，一旦大變臨頭，不是不知所措，就是怨天尤人。由此，王夫之得出的結論是，《易》兼有常變兩個方面，既給人以智慧，又予人以仁德，是最高深的典籍。

此種常變統一觀，雖然出於對《周易》筮法的理解，但就其理論思維說，探討了事物的變易性和規範性的問題。照王夫之所說，事物的變易雖千變萬化，總有規律可循，此為常；但其變易又難以測定其後果，此即變。因此，處理事物的變化，既要知常，又要通變，「執常以迎變，要變以知常」（《周易外傳・繫辭下》），既不能守常而不知變，也不能因變而忘其常。這無疑是一種深刻的辯證思維。

## 無其器則無其道

道器關係問題，是《周易》提出來的，其中說：「形而上者謂之道，形而下者謂之器。」道指乾坤和陰陽變易的法則，法則是無形的，稱之為形而上。器指卦畫和有形之物，稱之為形而下。但在易學史上，真正展開道器之辯，則開始於晉人韓康伯。他以一切有形有象的事物，包括陰陽爻象和陰陽二氣為器，以無形無象的東西為道。認為道寂然無體，不可以為象，又稱為「無」，但它卻是一切有形有象之物的根本。

宋明時期，易學家們圍繞道器關係問題展開了激烈的辯論。張載以氣化的過程為道。程頤則以陰陽之氣為形而下的器，陰陽之理為形而上的道，認為道是體，器是用，道器不相分離，道是器的根源，理為氣的根本。

朱熹繼承了程頤的說法，進一步宣揚道本器末、理為氣本說。功利學派的易說和以後氣學派與象學派的易學，皆主道不離器或道器合一說。

王夫之的易學，由於以卦象為《周易》的基石，提出「易之全體在象」說，以陰陽變易之理寓於卦象之中，在哲學上又提出「象外無道」說，因而在道器觀上，又提出了「天下惟器」，「無其器則無其道」的命題。他所說的器，指有形有象的個體事物。其所謂道，指氣化萬物的法則或事物的規律。

他認為，世界上惟一存在的實體是有形有象的個別物體，道不能作為實體而存在。道作為事物的規律，只能存在於形器之中，並通過有形之器顯現出來，「形而上不離乎形而下，道與器不相離」（《周易內傳・繫辭上》）。因此，只能說道是器之道，不能說器是道之器。有器方有道，無其器則無其道。沒有弓矢就沒有射箭之道，沒有車馬就沒有駕馭之道，沒有兒子也就無所謂為父之道。道只能以器作為自己存在的實體。所以王夫之斷言，「器而後有形」，「有形而後有形而上」，脫離人體事物的「無形之上」，亙古今，通萬變，窮天窮地，窮人窮物，都是沒有的。形而上的道依賴於形而下的器，二者「統之乎一形」，不能人為地加以割裂（《周易外傳・繫辭上》）。又說：「據器而道存，離器而道毀」（《周易外傳・大有》）。這就徹底否定了宋明道學中的道本器末說。

道器之辯，就理論思維說，屬於一般與個別、本質與現象、規律與實體的關係問題。王夫之堅持個別與一般的統一，不僅肯定規律性的東西、一般的東西及抽象的原則寓於有形有象的個別事物和事件之中，更為重要的是指出沒有個體便沒有規律，沒有個別就沒有一般，沒有現象就沒有本質。「無其器則無其道」，「天下惟器」，就是強調一般不能脫離個別而存在，沒有個別就沒有一般。這樣，就正確地解決了道器誰依賴於誰的問題。

## 陰陽實體說

王夫之提出「乾坤並建」說為其易學的宗旨，以陰陽二氣解釋卦爻象，從而在哲學上提出了陰陽實體說，即以陰陽二氣為天地萬物的本體，以氣的性能及其變化規律解釋天地萬物變化的法則，並將「一陰一陽之謂道」這一古老命題納入氣本論體系。陰陽二氣說是王夫之易學的綱領，也是其本體論的核心。

王夫之認為，天地之間，凡有形有象的東西，自雷風水火山澤，以至蜎孑萌芽之小，從已成形到未成形，都是陰陽二氣的產物。由於二氣各有其性能，所以天地萬物的性情和功效也各有差異。陰陽二氣自身具有運動的性能，其聚散、消長，變化日新，神妙莫測，而六十四卦之變易，天地人物之屈伸往來之故盡在於此。一切物質的和精神的現象，其存在和變化都依賴於陰陽二氣。這是對易學中氣學派世界觀的總結。

更值得重視的是，王夫之提出和闡發了一些新的觀點。

其一，陰陽實有。他提出「實有」說，論證了陰陽二氣的客觀實在性。

首先，他以「誠」解釋「實有」，進而解釋陰陽二氣為實有。所謂「誠」，是說自然如此，本來如此。凡是客觀存在的東西，無所謂虛假，都可以稱之為「誠」。宇宙中充滿了陰陽二氣，二氣相互配合，相資相濟，使宇宙廣大而長久；陽健陰順之性乃二氣所固有。陰陽二氣的存在及其變化，皆自然如此，既非虛無，也非人為的創造，所以有其客觀實在性，此即「陰陽有實之謂誠」（《正蒙注・太和》）。

其次，他以體用範疇論證陰陽二氣是實有的。認為一切客觀存在的東西皆有體用兩個方面，體規定其本質，用規定其功效。陰陽二氣為其體，其健順、屈伸往來為其用。體用相函，互相依賴，皆為實有。通過其功效即知其本體為實有。如冬寒夏炎，其功效明顯可察，表明冬夏之體即陰陽二氣乃實有之物。

最後，他以物物相依論證陰陽實有。天地萬物皆相依而生成，相依而存在，既然相依，所依者必真實不假，有其規律。因此，作為天地萬物本體的陰陽二氣，也是實有，並非虛妄。這就從肯定個體的客觀實在性出發，論證了陰陽二氣為客觀存在的實體。

其二，陰陽無損益。王氏認為，天地之間陰陽二氣是自足的，屈於此而伸於彼，其總量並無增減損益，所以「易言往來，不言生滅」（《周易內傳・系辭上》）。人物之生滅，只是表示陰陽二氣互相屈伸往來，作為人物之本性的陰陽二氣並無生滅，此即「生非創有，死非消滅，陰陽自然之理也」（同上）。

也就是說，陰陽二氣不因個體的毀壞而消滅；個體有成毀，而陰陽無終始，它既不被創造，也不被消滅。這是因為，陰陽二氣作為本體，即寓於個別器物之中而發揮作用，個體消滅了，其稟有的陰陽二氣又轉化為另一形態，寓於另一器物之中。如秋冬時生氣潛藏於地中，車薪之火轉為煙、燼，水銀遇熱昇華而變為土粉等。這就以物質形態的轉化進一步論證了張載以來的氣不滅論。其以陰陽二氣的屈伸往來解釋其能量不增不滅，就理論思維說，孕育著近代物質不滅和能量守恆原則的萌芽。這是王夫之陰陽學說的一大貢獻。

其三，陰陽協於一。王夫之認為，陰陽二氣的性情功效有差異，但並不相捨相離，相毀相滅，而是相合相濟，相因相通，和協為一，所以天地萬物各得其宜。任何有形象的東西，都包含有陰陽兩個方面，即使總體上屬於陽性或陰性的事物，也含有對立的一方。這是因為獨陽不生，獨陰不成，陰陽總是融為一體，不可分離。陰陽二氣既相排斥，相反相敵，又相吸引，相資相濟，協和為一，從而構成萬物的本體，推動事物的變化。陰陽截然分開，成為絕對對立的事物，無論自然界還是人類生活以及人心的活動，都是沒有的。據此，他以陰陽二氣相調配解釋「一陰一陽之謂道」，認為一陰一陽相互調劑，相倚而不離即是道。此陰陽合一之實體，乃萬物之所共著，萬有之所從出，是萬事萬物的本體。

總之，陰陽之外無道，形象之外無陰陽。道作為本體，只能寓於形象之中，不在其外，也不在空虛處游蕩。又將這一古老命題納入了氣學派本體論的體系，進一步發展了氣本論的學說。

## 神化學說

在易學中，「神」的基本含義是指微妙的變化。這一意義的「神」，往往與「化」相連並提，合稱神化。自《易傳》提出「陰陽不測之謂神」，「神也者，妙萬物而為言」，以「神」表示萬物細微的變化以來，經過韓康伯、孔穎達的闡發，到宋代張載，形成了一套比較完整的「神化」學說。王夫之作為氣學派的殿軍，又全面闡發了張載的「神化」學說，論述了陰陽二氣運動變化的源泉、性質、過程及其規律，解決了理學派不能解決的問題，成為其氣本論的內容之一。

王夫之吸收張載的神化說，以「神」為陰陽二氣運動變化的動因，乃一切變化的根源；「化」為二氣變化的形跡或過程，乃神的表現。但神作為動因，其特點是具有不測之妙；化作為形跡或過程，又有其規律性和必然性。不測之神即存在於此變化的形跡及其條理之中，二者不可分離。就陰陽二氣化育萬物有其條理或法則可循說，稱之為道；就其化育萬物沒有固定的常規，神妙不測說，則稱之為神，即其所說「自其妙萬物而不主故常者，則謂之神」（《周易內傳・繫辭上》）。「神」作為陰陽二氣生化萬物的動因，為什麼具有不測的性質？

王夫之的神化學說著重討論了這個問題。概括地說，有三層意思：

其一，陰陽二氣屈伸聚散出於無心，其後果非人的智力所能預料；其交相配合而成象成形成物成人，也是無心而為，「聽其適然之遇」（《周易外傳・繫辭上》），完全出於偶然的恰合，其結果難以預料，所以說「不測」。

其二，陰陽變易有其固有的過程和規律，亦非人的私心所安排。也就是說，陰陽化育萬物有其定理，人心符合其定理，則有應，故意追求，反而得不到，所以稱其為神妙不測。所謂「天有其至常。人心私意度之則不可測」（《正蒙注・天道》）。這是強調，陰陽變易有其固有的規律，不以人的主觀願望為轉移，人心不能任意曲解，「強無心以聽我」（《周易外傳・繫辭下》）。

其三，陰陽變易沒有固定的形式。陰陽往來屈伸，氤氳融合，總是無方無體，變動不居，因時間、地點、條件而不同，不限於一種格式或程序，所以其變動神妙不測。

據此，王夫之批判漢易象數之學和宋易圖書學派，企圖以某種圖式或公式規定事物的變化，是「縮天地之大德，而觀之一隙」，「拘守其一，而欲蔽其全」（《周易外傳・繫辭上》），以偏蓋全，執一廢百，既違背天理，又有害於人事，反對死抱著某種一成不變的模式，觀察或預測事物豐富多彩的變化過程。

照王夫之所說，陰陽之變易，從天道到人事，一方面存在著必然的過程，如從寒到暑，從少到老，有一定的程序，不定中有定；另一方面又存在著偶然的因素和突然的變易，有其不穩定的方面，定中有不定。此種陰陽不測說，既肯定了偶然性在變易中的地位，又肯定了事物的變易有其必然即規律性，將偶然和必然統一起來，既否定了創世說，又打擊了命定論。同時，又在承認確定性的基礎上，提出了非確定性的原則，認為人類所認識到的原則、規律和模式，不可能概括和窮盡世界變化的全部過程，特別是對世界未來的變化，不可能作出確切不移的結論，並企圖將確定性和非確定性統一起來，這在思想史上是少見的。總之，王夫之的神化學說，閃爍著辯證思維的光芒，其對世界變易性的論述，無論廣度和深度都超過了前輩學者的水平，成為其易學哲學的精華。

## 推故而別致其新

基於其陰陽不測說，王夫之認為，陰陽二氣不主故常，無時不變，所以世界的變化豐富多彩，日日更新，宇宙處於永恆的對立面轉化的過程之中，又進一步闡發了《易傳》以來的日新說。在王夫之看來，此種轉化的過程，在某種意義上說，也是新的代替舊的過程。

在《周易外傳・無妄》中，他將生物的變化過程分為五個階段，探討生命發展的規律。認為一切有生命的東西，都經過「胚胎」、「流蕩」、「灌注」、「衰減」、「散滅」，即萌芽、成長、壯大、衰落和死亡五個時期。這個過程是基於體內陰陽二氣調配的不同，當陽施陰受的功能減退，則走向衰老；當陰氣不能從體外吸收養分，陽氣不再發揮其作用，則走向死亡。但生命並不因此而斷絕，舊生命終結了，新生命又繼之而興。這就是「推故而別致其新」或「推陳致新」。這種日新說，雖是就生命現象而言，但其理論意義，適於一切物質現象的變化過程。也就是說，由於陰陽二氣的相交和推移，任何個體都經歷初生到消亡的過程。某一個體毀壞之後，另一個新的個體又代之而起，宇宙即個體事物一生一滅連續不斷，而又向前發展的過程。因此，物質世界是永恆的，而且是豐富多彩而又生機盎然的世界。正如唐代劉禹錫的著名詩句所說：「沉舟側畔千帆過，病樹前頭萬木春。」

不僅如此，王夫之還認為，每一事物在其存在的階段，也是不斷更新的。江河之水，今天與古代好像沒有差別，但今水並非古水。人的爪髮和肌肉也是新者日生舊者日消，外表形狀沒有改變，但其內在的素質卻每天都在變，「質日代而形如一」。所以他得出結論說：「今日之日月，非用昨日之明也。今歲寒暑，非用昔歲之氣也。明用昨日，則如燈如鏡，有息有昏。氣用昨歲，則如湯中之熱，溝燴之水，而漸衰漸泯。……是以知其富有者，惟其日新。」（《周易外傳・繫辭下》）只有日日更新，方能富有一切，這樣，日月方能永放光明，寒暑方能常盛不息。即是說，只有「日新」，方能繁榮和昌盛。相反，「守其故物而不能日新」，雖然還沒有消亡，但也枯槁而接近於死亡了。

王夫之的日新說，雖然還沒有揭示事物從舊質態到新質態轉化的過程，如物種的變異，但肯定了世界處於永恆運動變化的過程，而且肯定了一切事物的存在和發展，其內部必然經歷不斷更新的過程，即新的代替舊的過程，這是對新陳代謝這一辯證規律的直觀理解和樸素表述。王氏把對立面的轉化闡發為新陳代謝，「推陳致新」，其理論意義在於反對循環論的宇宙觀。所以，他又闡發了陰陽往來不一說。認為個體事物的生死存亡，就是陰陽二氣的屈伸往來，但「一往一來而往來不一」（《周易外傳・繫辭下》）。

事物的轉化，雖然一往一來，一屈一伸，但往來不一，屈伸有異，不是舊事物的重複。所以氣化萬物各乘其機，各從其類，聽其自然，不能使一人之識亙古為一人，一物之命亙古為一物，如同一山之雲，不必還為一山之雨，一薪之糞不必還滋一薪之木。總之，氣化萬物是不斷日新的過程。這就不僅否定了佛教的生死輪回說，同時也打擊了那種將事物的變化歸結為舊事物的重複的循環論，是王夫之易學的又一貢獻。

## 太極陰陽說

自《易傳》提出「太極」範疇以來，從兩漢以至宋明，或以其為氣，或以其為理，或以其為心，或以其為無，或以其為神，一直爭論不休。王夫之繼承張載的「一物兩體」說，又吸取朱熹「物物有一太極」說，提出了自己的太極觀，以此說明世界的本體或天地萬物的本質。

王夫之以張載的太極觀為依據，提出了太極陰陽說，即以陰陽二氣合一之實體為太極，以其為宇宙的本體或萬物的根本。所謂「陰陽者太極所有之實也」；「此太極之所以生萬物、成萬理而起萬事者也，資始資生之本體也，故謂之道」

（《周易內傳‧繫辭上》）。這是說，一陰一陽之謂道，就其為世界的本原或本體說，稱之為「太極」。此道乃陰陽合一之實體，故又稱「太極」為「太和」。

從其合一說，稱為「太極」，從其差異說，稱為「陰陽」；從其陰陽相互吸引，相資相濟，融為一體，而又不相侵害說，又稱為「太和」。「此所謂太極，張子謂之太和」（《周易內傳‧繫辭上》）。因此，王夫之又提出「太和絪縕之氣」，用來解釋太極的內涵，稱其為「太和絪縕之本體」，「太和絪縕之實體」（《正蒙注‧太和》）。這一方面表示，陰陽二氣作為世界的本體，其特性在於合一，即相成相濟，融為一體；有此太和絪縕之實體，陰陽二氣方能發揮其動靜、聚散、清濁等性情功效。另一方面又表示，陰陽合一之實體具有運動的性能。

在王夫之看來，所謂絪縕，就是「二氣交相入而包孕以運動之貌」（《周易內傳‧繫辭下》），陰陽二氣相互滲透，其中包含有運動的本性。因此，王夫之認為，太極作為世界的本體，其自身具有運動的本性，即所謂「絪縕不息」，此乃氣生化萬物的根本。

這樣，就揚棄了張載以「清虛一大」言太極或本體的論點，將氣本論從道家思想的影響下解脫出來，實現了張載及其後學沒有完成的任務；同時，也打擊了朱熹的「太極不動」說，解決了理學派長期不能解決的，即現象世界為什麼流轉不已、生生不息的問題。

依據其對太極觀念的理解和「無其器則無其道」的原則，王夫之進而探討了太極本體同天地物的關係。他認為，天地萬物本來就具有太極實體，二者同時存在，如同月亮的明與暗、水源與支流一樣，是同一實體的不同表現。天地萬物乃太極即太和絪縕之氣自身的顯現，而不是像父生子的關係那樣，先有一個太極而後再生出萬物。此太極充滿天地之間，無始無終，無時不在，不分彼此，無處不有，一切象數皆其象數。所以空處因而不流蕩，實處不窒息，靈頑皆得太極之體，動靜皆是太極之性。

此種解釋，是說天地萬物皆是太極自身的顯現，皆具太和絪縕之本體，即物物有一太極。但萬物各得太和之氣的分劑不一，故表現為虛實大小之異，靈頑智愚之別，此即「二氣之合，行乎萬殊」（《周易內傳發例》）。總之，太極作為陰陽合一之實體，既為萬象的共同本原，又寓於天地萬物之中，為萬象所固有，始終不脫離具體器物而存在。

這種學說，就其理論意義說，涉及到世界的同一性和差異性，本體和現象的關係問題。王夫之以太極即太和之氣為本體，以天地萬物各具太極本體說明世界的同一性；以有形有象的個體事物為現象，以其所稟有的太和之氣的分劑不一說明世界的差異性；以天地萬物為太極本體的顯現即本體自身運動的不同形態，說明同一性自身包含差異性，而同一性即存在於差異性之中，進而論證現象之外無本體，本體即寓於現象之中。這就深刻地回答了世界統一於物質性的問題，正確地解決了本體與現象的關係，克服了脫離現象而言本體的種種弊病，將宋明以來的本體論思潮的發展，推向了高峰。

## 延天祐人說和造命論

天人關係是中國思想文化中一個古老而常新的問題，王夫之易學也詳細探討了這個問題。在他看來，凡是自然給與的東西，如陰陽二氣、天地萬物以及人的形體功能等，都屬於「天」；而人的心靈和道德觀念則稱為「人」。認為天地萬物和人類皆由陰陽二氣構成，皆依一陰一陽之道存在和發展，具有共同的本性，可以相通；但人類得到的陰陽二氣的分劑均勻，陽氣成為精神，陰氣成為形體，陰陽協調而不分離，故人為萬物之靈者，因此人與萬物又有差別。這種差別他稱之為「天道無擇而人道有辨」（《周易內傳‧繫辭上》）。天地依陰陽二氣生化萬物，出於無心而為，其施氣精粗不一，無所選擇，此即「天道無擇」。而人類則不同，聖人輔助天地之化育，出於有心而為，必須從天地陰陽那裡有所選取，此即「人道有辨」。

他以「無擇」和「有辨」，「無心」和「有心」區別「天道」和「人道」，實際上是以有意識有目的的精神活動為「人道」的特徵。因此，王夫之堅決反對將人的意識特別是人的道德觀念強加於「天道」，認為「人道」可以合於天，而「天道」不可以合於人，「君子以人合天，而不強天以從人」（《周易外傳‧繫辭下》）。從而有力地打擊了心學派天人一本的學說。

關於人在天地中的作用，王夫之又提出了人道治萬物和「延天以祐人」說。他認為，天地能生萬物，但不能治萬物、用萬物，而人為萬物之靈，可以代表天地治理萬物，使萬物更加適合人類生活的需要，以輔相天道成就化育萬物的功能。王夫之指出，陰陽融結而生人物，能勝任生人之事，但不能代替人成天下之務，此即「陰陽生人而能任人之生，陰陽治人而不能代人以治」。所以「聖人與人為徒，與天通理」，行仁德，順天理，「延天以祐人於既生之餘」（《周易外傳・繫辭上》），即萬物生出之後，延長自然的功能，使其為人類服務，不能聽命於自然的安排。

「延天」，王夫之又稱為「相天」，即《周易》所說的「輔相天地之宜」。他認為，動物的生活為「任天」，即因襲自然所給與的生活條件；人不同於動物，其特點是「相天」，即調整自然，治理萬物。如何「延天」或「相天」？王夫之認為，關鍵在於「竭天」，即通過人的主觀努力，改變自然所給與的東西。天與之目力，必竭而後明；天與之耳力，必竭而後聰。心思必竭力運用方能智慧，氣力必竭力發揮方能強健。如果將人的能力充分發揮出來，不僅可以起死回生，化愚為智，而且可以化無為有，撥亂反治。所以，他極力強調：「聖人之志在勝天」（《正蒙注・太和》）。

據此，王夫之又明確提出了「造命」論，並專門寫了《君相可以造命論》（《姜齋文集》）一文加以發揮。他認為，唐代著名政治家李泌講「君相可以造命」，敢於與天爭權，打破了古老的天命論觀念，確實是非常精闢的論斷。但推致其極，又豈只君相，即使「一介之士」，普通的人，只要努力道德修養，發揮主觀能動性，同樣可以把握自己的命運。

這與其「延天」、「勝天」說也是一致的。

此種延天說和造命論，對於天人關係的處理，具有重要的理論意義。其認為，人是自然的產物，不能違背自然的法則，此即「以人合天」；但人類又不同於一般自然物，具有高度的智慧，能自覺地為改善自己的生存條件而奮鬥。所以，人不屈服於自然，「天之所死，猶將生之」，「天之所無，猶將有之」（《續春秋左氏傳博議》卷下）。即是說，人類應該而且能夠發揮自己的聰明才智，即主觀能動性，改變自然的現狀，使其符合人類的利益，掌握自己的命運。改變自然所賦予的東西，不是破壞自然物和自然界的秩序，而是按照自然的基本法則，即其所說的陰陽二氣變易之理，調整人與自然不相諧調的關係。所以稱其為「延天」、「相天」。「延」或「相」都表示不破壞自然。

此種理論思維的特徵是，人與自然並存，且相資相濟，共同發展，損害任何一方，皆使自己遭到損害。這種理論不同於那種以破壞自然為改造自然的學說，辯證地處理了人與自然的關係。強調人與自然的協調統一，既要有所作為，改造自然，又要遵循自然法則，順應自然，既不屈服於自然，又不破壞自然。它的正確性越來越被現代環境科學所證明。這是王夫之的又一理論貢獻。

## 黃氏兄弟對圖書學的批評

清初思想家黃宗羲（一六一〇－一六九五）、黃宗炎（一六一六－一六八六）兄弟都是明清之際著名的學者，也是易學專家。在當時實學思潮的影響下，他們對宋明易中的圖書之學展開了清算。黃宗羲的《易學象數論》，黃宗炎的《圖學辨惑》，就是專門反對圖書、象數之學的重要著作。

黃宗羲首先辯論了河圖洛書之學。他認為歐陽修以《河圖》、《洛書》為怪妄，是了不起的見解。但是，儒家典籍如《書經・顧命》、《論語》、《系辭傳》和《禮記・禮運》都明言古有河圖、洛書，應該承認這一事實。雖然《禮運》是漢人偽托之作，不足為憑，但其它書所說，則不容懷疑。因此，他取南宋薛季宣說（見前第三章第一節），以河圖、洛書為上古時代的地圖或地理志，認為與漢人所說的龍馬負圖、神龜載書之說並無關係。至於漢代各家，如孔安國、劉歆、揚雄、鄭玄，《黃帝內經》、《易緯・乾鑿度》，魏伯陽、虞翻等，其言五行生成之數和九宮之數，或指天地之數，或論九宮之數，都沒有把它們視為河圖、洛書。

只是到了宋代，方士之徒才「牽強扭合」，以河圖、洛書為兩種圖式，後來經過儒者的闡發，視為不傳之秘，才納入了儒家易學系統。通過辯論，黃宗羲得出結論說，宋人提出的河圖洛書說，「與漢儒異趣，不特不見之於經，亦是不見於傳」，不過是以己意強加於經傳而已。

黃宗羲還著重批評了邵雍先天易學的先天次序圖和先天方位圖。邵雍、朱熹皆以「一分為二，二分為四，四分為八……」解釋八卦和六十四卦生成的次序，黃宗羲認為，這不符合《易傳》「易有太極」章的原意，「生十六，生三十二，卦不成卦，爻不成爻，一切非經文所有」（《易學象數論序》），完全是穿鑿附會。邵雍以乾南坤北、離東坎西為先天方位，出於《說卦傳》「天地定位」章；以離南坎北、震東兌西為後天方位，出於「帝出乎震」章。黃宗羲依據《說卦傳》文作了批駁，所謂「吾則即以邵子所據者，破邵子之說」（《易學象數論・先天圖》）。認為「天地定位」是說天位於上，地位於下，卻沒有聽說過南為上北為下，何來乾南坤北之位？

按《說卦傳》所配四時，震為春，離為夏，兌為秋，坎為冬。如按邵雍先天方位說，以離坎居於東西之位，等於說春熱秋寒，於理不通，這又有誰相信呢？其結論是：「卦之方位已見於『帝出乎震』一章，康節舍其明明可據者，而於未嘗言方位者，重出之，以為先天，是所謂非所據而據焉」（《說卦傳》），所以不應區分伏羲先天、文王後天方位；而朱熹篤信邵雍先天方位說，反而懷疑《易傳》文，就著實可怪了。

總之，黃宗羲對圖書之學的批評，立足於尊重《周易》經傳文的本義，注重史實的考證，從而開創了一代史學新風。但他看不到圖書之學在理論思維方面的成果，卻構成了考據學派研究經學的弱點之一。

黃宗炎受其兄黃宗羲易學的影響，也對宋易圖書之學展開了批判。所著《圖學辨惑》分為三個部分，即《河圖洛書辨》、《先天八卦方位、六十四卦方圓橫圖辨》、《太極圖說辨》，旨在辨別圖學三派，即劉牧河洛之學、邵雍先天學、周敦頤的太極圖說，出自陳摶易學，來於道教煉丹養生系統，認為儒者以此解《易》，是「因假即真，奉螟蛉為高曾」，是對經學的背叛。其目的在於清除道教系統的易學在儒家經學中的影響。

黃宗炎重點批評了周敦頤的《太極圖說》，考證了圖說的來源，認為周氏圖說乃陳摶無極圖的改頭換面，是將道教、老莊、儒家合而為一，經過朱熹的闡發，又雜以釋氏，其病愈甚。所以，他寧可冒「非聖之罪」，也要澄清儒、釋、道三家義理之分，將儒家經學從二氏的影響下解脫出來。

比如他認為，周氏太極圖（朱熹所定）最上一圈來於陳摶無極圖的「煉神還虛，復歸無極」，而稱之為「無極而太極」，這是以「虛無為天地萬物之根本」，乃「老莊之學」；而朱熹將無極和太極合而為一，又是基於佛教的「空有不二」說。太極圖第二圈即陰陽合抱圖，又來於無極圖的「取坎填離」圖，以下五行相生圖來於「五氣朝元」圖等等，並逐一作了評論。其結論是：「茂叔於學則全得之老，於圖則雜以仙真，於說則冒以易道，未可與夫子之太極、兩儀、四象、八卦同年而語也。」從而揭露了周氏圖說同道家和道教思想的聯繫。

## 毛奇齡、胡渭對圖書學的駁議

毛奇齡（一六二三—一七一六）是清初著名的經學大師，考據之學的代表人物。由於其解經注重訓詁、考據，反對宋學以己意闡發經義，在易學上則對宋易圖書之學展開了批判。他有關《周易》的著作有七種之多。《河圖洛書原舛編》和《太極圖說遺議》是集中抨擊圖書之學的專著，其《仲氏易》對圖書之學也多有評論。

和黃宗羲兄弟一樣，毛奇齡也反對邵雍提出的伏羲先天之易和文王後天之易的說法。他認為邵雍的先天卦序圖，作為畫卦的次序，其誤有八：一是從一陰一陽畫到六十四卦，非常繁瑣；二是四畫、五畫之卦不見於經傳；三是不能說明經傳講卦畫何以止於三畫卦或六畫卦；四是不能解釋八卦重為六十四卦說；五是八卦同時畫成，父子母女並生，違背乾坤生六子卦說；六是「子先母，女先男，少先長」，坤居第八位，六子卦先於坤母，陰卦兌、離先於震，兌又先於離；七是邵雍的八卦方位圖，乾南坤北、離東坎西，與《說卦傳》的乾西北、坤西南說不合；八是乾一兌二離三兌四等卦數，與《說卦傳》「帝出乎震」章的八卦順序不合，杜撰無據。因此，邵雍先天圖並非伏羲之易，而是出於陳摶系統的編造。

《河圖洛書原舛編》系統考證了河圖洛書的起源和演變，對先秦文獻中的「河圖」、「洛書」到明代的河洛之學皆有評論。概括地說，即認為，《尚書》、《論語》、《繫辭傳》中說的「河圖」、「洛書」，無非典籍之類，具體內容已不可考；漢人論河圖洛書，眾說紛紜，皆無證據，難以信從；宋初道士陳摶方解說河圖、洛書的內容，亦未言出於何處，後來劉牧倡其說，阮逸加以反對，至朱熹採阮逸說列於《啟蒙》、《本義》之首，圖書之名始定，明代又有龍馬旋毛、奇異數字之說，彼此紛紜，竟相變遷，牽強附會，終不能合；以黑白點之數圖畫《河圖》、《洛書》，始於陳摶，其以五十五數解釋《河圖》之數是竅取鄭玄注《易緯》「天地之數」語，以四十五數解釋《洛書》，則出於《易緯》太乙下行九宮之法。這對後人研究圖書之學的來源，頗有啟發意義。

毛氏所著《太極圖說遺議》，探討了周敦頤圖說的來源，同黃宗炎一樣，認為出於道教和佛家，但與黃氏所說又不盡相同。主要表現在：

其一，認為朱熹所傳的周氏《太極圖》，是朱子所審定，並非周氏原圖，而朱震為宋高宗講解《周易》時所進的《太極圖》才是其原圖。此圖又與《道藏》中《上方大洞真元妙經》的《太極先天之圖》相合，又來於《參同契》「水火匡廓」和「三五至精」兩圖式，經陳摶剽竊，分為先天圖和太極圖，後者即周氏《太極圖》。

其二，朱熹所傳《太極圖說》首句「無極而太極」，應據宋國史所錄，為「自無極而為太極」。並認為「無極」範疇來於佛道兩家。

其三，對《太極圖說》全文逐句提出了質疑和駁斥，其矛頭直指朱熹一派。

胡渭（一六三三－一七一四）作為清初考據學派的大師，繼二黃和毛奇齡之後，進一步清算了宋易中的圖書之學。其所著《易圖明辨》，引述二黃和毛氏言論很多。可以說是當時批判圖書和先天易學的總結。此書對河圖洛書、五行九宮、《周易參同契》、《先天太極》、《龍圖》和《易數鉤隱圖》、《啟蒙》圖書、先天古易、後天之學、卦變諸說、象數流弊，一一加以辯證，皆追本溯源，條分縷析，史料精詳，考據嚴謹，為研究圖書之學的發展提供了重要線索，是易學史上的一大名著。

胡氏認為，以《河圖》、《洛書》圖式解釋八卦是後人的杜撰。伏羲觀象作卦，所觀天地萬物之象是多方面的，並不專在圖書。從《周易》古經到漢唐注疏，未有列圖書於其前者，只是到了朱熹作《周易本義》才開始的。凡《易傳》所言之數，都是指蓍數而言，天地之數、五行生成之數都與《河圖》、《洛書》無關。《易傳》中所說的「河出圖，洛出書」，只是聖人作《易》之前出現的祥瑞現象，並非據圖書畫卦作《易》。《尚書》中說的「河圖」乃周朝寶器之一，「洛書」是古代象形文字，後人作出種種解釋，皆是附會之辭。

總之，五行說與《周易》經傳無關，但漢代的五行說和九宮說卻為宋易圖書之學提供了藍本。而劉牧圖書之學支離破碎，一無可取；《啟蒙》圖書，《本義》九圖皆可廢除。至於邵雍的先天易學，也無非出於道教的煉丹之術，並非古代聖人之易；雖然有本於陳摶《先天太極之圖》，但實際上也是一種歪曲。邵雍以丹家之易為儒家之易，朱熹又將其圖列於《本義》之首，誤執一家之學尊為伏羲之易，也是對儒學的一種背叛。

毛奇齡、胡渭對圖書之學的批駁，有一個共同點，就是考證其思想資料及其觀點的歷史淵源，以此證明圖書之學出於道教和佛家，進而否定其為儒家學說，從而揭露了宋易中象數之學的流弊。

他們感興趣的是歷史的事實，而不是哲理的探求。這正是清代漢學家特別是考據學派，研究古代典籍尤其是易學典籍的侷限性。

## 惠棟張惠言對漢易的探討和解說

惠棟是清代漢學的奠基人，由於精通漢易而聞名於當時。惠棟易學有其家學淵源。其曾祖父對經學頗有研究，祖父和父親皆精於漢易，其父惠士奇所著《易說》六卷，專宗漢學，以象為主，有意矯正王弼以來空言說經之弊端。惠棟推尊漢易，篤守古學，乃對其家學之風的發揚。

惠棟的易學著述有《周易述》、《易例》、《易漢學》和《周易古義》等。《周易述》是其解《易》的代表作，依漢儒諸家之說，逐句解釋《周易》文義，自為注而又自疏之。《易例》乃熔鑄漢儒舊說，以發明《易》之本例，列其解《易》的原則、體例、重要範疇和概念，說明其文獻上的依據。

《易漢學》是系統闡述漢易各流派的著作，採輯孟喜、京房、鄭玄、荀爽、虞翻及《易緯》和《參同契》之緒論遺文，鉤稽考證，使學者得見漢儒解《易》的門徑。惠棟易學的特徵之一，是恪守漢儒鄭玄、荀爽、虞翻等解《易》的體例，以解說卦爻象和卦爻辭，尤其推崇孟喜、京房以來的象數之學和卦氣說，排斥宋易解易的傳統。其對每卦卦象的解說，皆主卦氣說。如論乾卦說：「八純卦，象天，消息四月。」論坤卦說：「八純卦，象地，消息十月。」論屯卦說：「坎宮二世卦，消息內卦十一月，外卦十二月。」論蒙卦說：「離宮四世卦，消息正月。」等等（見《周易述》）。即依孟喜卦氣說和京房的八宮卦說，以六十四卦代表一年十二月陰陽消息的變化過程。其對《周易》經傳辭句的注疏，有京房的納甲說、互體說、五行說；《易緯》的九宮說、八卦方位說；鄭玄的五行生成說；荀爽的乾升坤降說、中和說；虞翻的卦變說、月體納甲說等等，而以取象說為其綱領。並對漢易尤其是《九家易》和虞氏逸象作了搜集整理，如列虞氏乾卦逸象六十一，坤卦逸象八十一，震卦逸象四十七，八卦共三百二十三。

其對《周易》經傳中重要範疇和命題的注疏，著眼點也在於卦象的形成和變化，淡化乃至取消其作為哲學範疇的價值。從而將宋明易學中所闡發的義理否定掉了。同宋易相比，其哲學理論思維退化了。

張惠言受惠棟影響很深，也是乾嘉時期著名的易學家。他精研漢易，專攻虞翻易學，企圖全面而系統地恢復虞氏易，以補惠棟易學研究漢易的不足。

張惠言的易學著作很多，有《周易虞氏義》、《周易虞氏消息》、《虞氏易事》、《虞氏易禮》、《虞氏易言》、《虞氏易候》、《易義別錄》、《周易鄭氏義》、《周易荀氏九家義》、《易圖條辨》等。《虞氏義》是以唐李鼎祚《周易集解》所提供的虞翻注為主，參考漢易諸家之說，對《周易》經傳文句所作的注疏。其中未引虞氏注者，則依虞氏義加以補充；有虞氏注者，則加以注疏，企圖以注疏的形式，恢復虞氏易的全部面貌。

《虞氏消息》則闡發虞氏易的原理及其解《易》的體例，並將其歸結為陰陽消息說。《虞氏易事》解說虞氏注中明人事的觀點，《易禮》解說虞氏注中有關

《周禮》的見解，《易候》是對虞氏卦氣說的解釋，《易言》是依靠虞氏對經文的解說，闡發其中的義理。其論虞氏易學如此詳細，是宋明以來從未見過的，它標誌著清代漢學家對漢易的研究，走上了專門的深化的道路。其《易義別錄》分別選錄和介紹了《子夏傳》、孟喜、京房、馬融、劉表、宋衷、陸績、干寶、王肅、董遇、蜀才、翟玄、姚信等人解《易》的內容和體例，連同其《周易鄭氏義》、《荀爽九家義》，可以說是一部簡明的漢代易學史。

張惠言易學的特徵是，以虞翻易學為漢易的正宗，並追求易學的系統性，揭示其一貫之道，所謂「求其條貫，明其統例」（《虞氏義序》）。這一「條貫」、「統例」不是別的，就是陰陽消息說。因此，他注疏卦爻辭的體例，有卦氣說、旁通說、卦變說、乾升坤降說、納甲說、互體說等，而歸結為取象說，並以十二消息卦說即陰陽消息說為其統綱。其對虞氏注的補充和解說，力求遵循虞氏的體例和注解，不敢有所立異和創新，可謂闡而不發，體現了惠棟一派漢學家唯漢學是從的解經學風。他自以為追求虞氏學的一貫條理，其實同虞翻易學一樣，重蹈了漢代煩瑣經學的復轍，乃至成為漢學的附庸，其理論思維水平進一步下降了。其疏通漢易，不敢觸及時政，而是引導人們埋頭於虞翻注的文字概念之中，這也是乾嘉學者的弊病之一。

惠棟、張惠言的易學，在易學哲學問題上雖無新的建樹，但對漢易的探討和整理，對《周易》經傳的校堪和一些文句的訓詁，均提供了大量珍貴的史料，具有一定的學術價值。他們雖力主象數之學，但卻排斥宋易中的象數之學。惠棟《易漢學》末卷，張惠言《易圖條辨》都專門總結了黃宗炎、毛奇齡以來評論圖書之學的成果，繼胡渭之後，又進一步駁斥了劉牧的《河圖》、《洛書》說和邵雍的先後天易學，並且考辨、評述了周敦頤的《太極圖說》，也是對宋易中象數之學的否定。就此而言，惠棟、張惠言作為漢學家解《易》的代表，在易學史上也不無貢獻。後來，李道平著《周易集解纂疏》，志在注疏漢儒的象數之學，多引惠、張之說，更不出漢易的窠臼，則標誌著吳派漢學家易學的衰落。

## 焦循對漢易的闡發

焦循是乾嘉時期著名的經學家，也是當時具有淵博知識的學者，著書三百多卷，又是清代大數學家之一。所治群經，以《周易》經傳用功最深。幼年好《易》，自四十歲而專於學《易》，積十數年功夫，方完成了其著名的《易學三書》，即《易通釋》、《易章句》、《易圖略》。此外，還著有《周易補疏》、《易話》、《易廣記》、《注易日記》等。

《易通釋》依《周易》經傳中的概念、術語、範疇和命題，加以會通，解釋其所提出的易學體例；《易章句》乃依其易學體例，對《周易》經傳文句所作的簡明注釋；《易圖略》是對《易通釋》中體例所作的提要和圖解，並批評了漢易和宋易中象數學派提出的解《易》體例。焦循治《易》，不同於惠棟、張惠言唯漢易是從的學風，主會通百家之說，不墨守一家之言，企圖在漢人象數之學的基礎上，獨辟蹊徑，另立一解《易》新體例，成為清代漢學家解《易》的殿軍。

焦循改造了張載「易為君子謀」的說法，提出了「易為改過之書」的易學觀。他反對區分伏羲、文王和孔子之易，反對區分卦辭和爻辭，視《周易》經傳為一完整和精密的體系，其性質在於教導百姓避凶就吉，即改過從善，提高道德水平。所謂「夫易者，聖人教人改過之書也」（《易圖略．原筮》）。君子可透過觀象玩辭和觀變玩占達到改過遷善的目的，不必占筮；而普通百姓則需要靠卜筮改正自己的過錯，此即「用易於卜筮，則為小人謀」（同上）。此種易學觀，改造了張載的學說，取其人道教訓之義，不同於漢易「多參天象」，以天道為主的傳統。

怎樣觀象玩辭以達到改過從善？或者說，焦氏提出了哪些解經體例作為觀象玩辭的基本原則？對這些問題的回答，就構成了焦氏易學的主要內容。首先，他提出了二五變通說。在焦循看來，《周易》所以名之為「易」，旨在變通。剛柔爻象互易稱為「變」，剛柔變而無窮，反覆互易，即「轉相推移」，稱為「通」。六十四卦無非示人以變通之象，其爻辭也無非是說明變通之象。能變通則吉，不能變通則凶。但兩者相比較，通貴於變。關於變通的規則，焦循提出了三條原則或體例，即旁通、相錯和時行。

所謂旁通，按虞翻的解釋，凡六爻皆相反的卦象，即為旁通之卦。依此，焦氏《易學三書》將六十四卦分為三十二對，認為每對中的兩卦，其剛柔相互配合，又可以互相推移。但剛柔爻象互易，只能是不當位的二與五、初與四、三與上互易，從而使不當位的爻象各當其位，不可任意為之。如果本卦不能相易，則與其對立之卦的爻象按照上述原則互易其位。這樣，一卦可以轉化為許多卦，其卦爻辭也可以彼此串通，互相解釋。

所謂相錯，即八卦交相重疊，如乾下坤上為泰，乾上坤下為否，震上巽下為恆，巽上震下為益，坎上離下為既濟，離上坎下為未濟，如此等等，則形成六十四卦象。凡相錯者，則相互聯繫，相互轉化，其爻辭也可以相互發明。

所謂時行，即剛柔爻象推移互易而不終止，在此過程中，遇不通即變為旁通之卦，使趨於通。

上述三種體例，以旁通說為基礎，相錯說是旁通說的補充和推衍，而時行說又在前二說基礎上講剛柔互易的總過程。而其剛柔互易，都以二五爻互易為準則，又歸結為二五爻是否當位。所以，焦循又將其易學的總原則，稱之為「二五變通為易」。二五先行，初四、三上隨而應之則吉；初四、三上先行，二五爻不當位則凶。

更值得重視的是，焦循為了將全經中的卦爻辭以及文字貫通起來，又提出了比例說和引申說，用以處理文句之間的關係和字義。所謂比例說，即按照數學上比例的法則，處理卦爻畫和卦爻辭之間的關係。凡相錯之卦，旁通之卦，二五互易之卦，皆可成比例卦象，其卦爻辭也可以互釋。所謂引申說，有廣義和狹義兩種含義：廣義包括比例說；狹義專指文字學中的假借說，即認為，卦爻辭中的許多文字，應按照「六書」中的假借和轉注加以理解，方能「一氣相貫」，解釋清楚。此兩種學說相互補充，對於解說卦爻辭中的文句，皆不可缺少。但卦爻辭在其中並無實際意義，只不過象數學中的「甲乙丙丁」，音韻學中的「天子聖哲」代表四聲一樣，是剛柔爻象變易的符號而已。這樣，一部《周易》就成了趨吉避凶的代數學，又進一步將《周易》的內容完全形式化和抽象化了。

概而言之，焦循易學以代數學原則考察象與辭之間的關係，提出旁通、相錯、時行三條原則，作為解釋《周易》經傳文句的體例，追求卦爻象和卦爻辭之間的邏輯關係，視《周易》經傳為一有機體系，含有許多辯證思維和邏輯思維的積極成果，當時尤負盛名。他博採中西、匯通百家的學術宗旨，也具有普遍的方法論意義。他自以為能解釋通《周易》所有文句，但實際上並不能自圓其說。其將《周易》一書形式化，否定《易傳》有關概念和命題的哲學意義，又標誌著古代易學哲學的終結。

晚清以來，對《周易》的研究雖然沒有中斷，但亦創見甚少。直到「五四」運動以後，隨著西方新思潮的傳入，才開創了易學研究的新局面。

7. 避孕 早乙女智子著 200 元
8. 不孕症 中村春根著 200 元
9. 生理痛與生理不順 堀口雅子著 200 元
10. 更年期 野末悅子著 200 元

## ・傳統民俗療法・品冠編號 63

1. 神奇刀療法 潘文雄著 200 元
2. 神奇拍打療法 安在峰著 200 元
3. 神奇拔罐療法 安在峰著 200 元
4. 神奇艾灸療法 安在峰著 200 元
5. 神奇貼敷療法 安在峰著 200 元
6. 神奇薰洗療法 安在峰著 200 元
7. 神奇耳穴療法 安在峰著 200 元
8. 神奇指針療法 安在峰著 200 元
9. 神奇藥酒療法 安在峰著 200 元
10. 神奇藥茶療法 安在峰著 200 元

## ・彩色圖解保健・品冠編號 64

1. 瘦身 主婦之友社 300 元
2. 腰痛 主婦之友社 300 元
3. 肩膀痠痛 主婦之友社 300 元
4. 腰、膝、腳的疼痛 主婦之友社 300 元
5. 壓力、精神疲勞 主婦之友社 300 元
6. 眼睛疲勞、視力減退 主婦之友社 300 元

## ・心 想 事 成・品冠編號 65

1. 魔法愛情點心 結城莫拉著 120 元
2. 可愛手工飾品 結城莫拉著 120 元
3. 可愛打扮 & 髮型 結城莫拉著 120 元
4. 撲克牌算命 結城莫拉著 120 元

## ・少年偵探・品冠編號 66

1. 怪盜二十面相 江戶川亂步著 特價 189 元
2. 少年偵探團 江戶川亂步著 特價 189 元
3. 妖怪博士 江戶川亂步著 特價 189 元
4. 大金塊 江戶川亂步著 特價 230 元
5. 青銅魔人 江戶川亂步著 特價 230 元
6. 地底偵探王 江戶川亂步著
7. 透明怪人 江戶川亂步著

8. 怪人四十面相　江戶川亂步著
9. 宇宙怪人　江戶川亂步著
10. 恐怖的鐵塔王國　江戶川亂步著
11. 灰色巨人　江戶川亂步著
12. 海底魔術師　江戶川亂步著
13. 黃金豹　江戶川亂步著
14. 魔法博士　江戶川亂步著
15. 馬戲怪人　江戶川亂步著
16. 魔人剛果　江戶川亂步著
17. 魔法人偶　江戶川亂步著
18. 奇面城的秘密　江戶川亂步著
19. 夜光人　江戶川亂步著
20. 塔上的魔術師　江戶川亂步著
21. 鐵人Q　江戶川亂步著
22. 假面恐怖王　江戶川亂步著
23. 電人M　江戶川亂步著
24. 二十面相的詛咒　江戶川亂步著
25. 飛天二十面相　江戶川亂步著
26. 黃金怪獸　江戶川亂步著

## ·武術特輯·大展編號 10

1. 陳式太極拳入門　馮志強編著　180 元
2. 武式太極拳　郝少如編著　200 元
3. 練功十八法入門　蕭京凌編著　120 元
4. 教門長拳　蕭京凌編著　150 元
5. 跆拳道　蕭京凌編譯　180 元
6. 正傳合氣道　程曉鈴譯　200 元
7. 圖解雙節棍　陳銘遠著　150 元
8. 格鬥空手道　鄭旭旭編著　200 元
9. 實用跆拳道　陳國榮編著　200 元
10. 武術初學指南　李文英、解守德編著　250 元
11. 泰國拳　陳國榮著　180 元
12. 中國式摔跤　黃　斌編著　180 元
13. 太極劍入門　李德印編著　180 元
14. 太極拳運動　運動司編　250 元
15. 太極拳譜　清・王宗岳等著　280 元
16. 散手初學　冷　峰編著　200 元
17. 南拳　朱瑞琪編著　180 元
18. 吳式太極劍　王培生著　200 元
19. 太極拳健身與技擊　王培生著　250 元
20. 秘傳武當八卦掌　狄兆龍著　250 元
21. 太極拳論譚　沈 壽著　250 元
22. 陳式太極拳技擊法　馬 虹著　250 元

23. 二十四式/三十二式 太極 拳/劍　闞桂香著　180 元
24. 楊式秘傳 129 式太極長拳　張楚全著　280 元
25. 楊式太極拳架詳解　林炳堯著　280 元
26. 華佗五禽劍　劉時榮著　180 元
27. 太極拳基礎講座：基本功與簡化 24 式　李德印著　250 元
28. 武式太極拳精華　薛乃印著　200 元
29. 陳式太極拳拳理闡微　馬　虹著　350 元
30. 陳式太極拳體用全書　馬　虹著　400 元
31. 張三豐太極拳　陳占奎著　200 元
32. 中國太極推手　張　山主編　300 元
33. 48 式太極拳入門　門惠豐編著　220 元
34. 太極拳奇人奇功　嚴翰秀編著　250 元
35. 心意門秘籍　李新民編著　220 元
36. 三才門乾坤戊己功　王培生編著　220 元
37. 武式太極劍精華 +VCD　薛乃印編著　350 元
38. 楊式太極拳　傅鐘文演述　200 元
39. 陳式太極拳、劍 36 式　闞桂香編著　250 元
40. 正宗武式太極拳　薛乃印著　220 元

## ・原地太極拳系列・大展編號 11

1. 原地綜合太極拳 24 式　胡啟賢創編　220 元
2. 原地活步太極拳 42 式　胡啟賢創編　200 元
3. 原地簡化太極拳 24 式　胡啟賢創編　200 元
4. 原地太極拳 12 式　胡啟賢創編　200 元

## ・名師出高徒・大展編號 111

1. 武術基本功與基本動作　劉玉萍編著　200 元
2. 長拳入門與精進　吳彬　等著　220 元
3. 劍術刀術入門與精進　楊柏龍等著　220 元
4. 棍術、槍術入門與精進　邱丕相編著　220 元
5. 南拳入門與精進　朱瑞琪編著　元
6. 散手入門與精進　張　山等著　元
7. 太極拳入門與精進　李德印編著　元
8. 太極推手入門與精進　田金龍編著　元

## ・實用武術技擊・大展編號 112

1. 實用自衛拳法　溫佐惠著
2. 搏擊術精選　陳清山等著

## ・道學文化・大展編號 12

1. 道在養生：道教長壽術　郝　勤等著　250 元
2. 龍虎丹道：道教內丹術　郝　勤著　300 元
3. 天上人間：道教神仙譜系　黃德海著　250 元
4. 步罡踏斗：道教祭禮儀典　張澤洪著　250 元
5. 道醫窺秘：道教醫學康復術　王慶餘等著　250 元
6. 勸善成仙：道教生命倫理　李　剛著　250 元
7. 洞天福地：道教宮觀勝境　沙銘壽著　250 元
8. 青詞碧簫：道教文學藝術　楊光文等著　250 元
9. 沈博絕麗：道教格言精粹　朱耕發等著　250 元

## ・易學智慧・大展編號 122

1. 易學與管理　余敦康主編　250 元
2. 易學與養生　劉長林等著　300 元
3. 易學與美學　劉綱紀等著　300 元
4. 易學與科技　董光壁　著　280 元
5. 易學與建築　韓增祿　著　280 元
6. 易學源流　鄭萬耕　著　元
7. 易學的思維　傅雲龍等著　元
8. 周易與易圖　李　申　著　元

## ・神算大師・大展編號 123

1. 劉伯溫神算兵法　應　涵編著　280 元
2. 姜太公神算兵法　應　涵編著　280 元
3. 鬼谷子神算兵法　應　涵編著　280 元
4. 諸葛亮神算兵法　應　涵編著　280 元

## ・秘傳占卜系列・大展編號 14

1. 手相術　淺野八郎著　180 元
2. 人相術　淺野八郎著　180 元
3. 西洋占星術　淺野八郎著　180 元
4. 中國神奇占卜　淺野八郎著　150 元
5. 夢判斷　淺野八郎著　150 元
6. 前世、來世占卜　淺野八郎著　150 元
7. 法國式血型學　淺野八郎著　150 元
8. 靈感、符咒學　淺野八郎著　150 元
9. 紙牌占卜術　淺野八郎著　150 元
10. ESP 超能力占卜　淺野八郎著　150 元

11. 猶太數的秘術　淺野八郎著　150元
12. 新心理測驗　淺野八郎著　160元
13. 塔羅牌預言秘法　淺野八郎著　200元

## ・趣味心理講座・大展編號 15

1. 性格測驗① 探索男與女　淺野八郎著　140元
2. 性格測驗② 透視人心奧秘　淺野八郎著　140元
3. 性格測驗③ 發現陌生的自己　淺野八郎著　140元
4. 性格測驗④ 發現你的真面目　淺野八郎著　140元
5. 性格測驗⑤ 讓你們吃驚　淺野八郎著　140元
6. 性格測驗⑥ 洞穿心理盲點　淺野八郎著　140元
7. 性格測驗⑦ 探索對方心理　淺野八郎著　140元
8. 性格測驗⑧ 由吃認識自己　淺野八郎著　160元
9. 性格測驗⑨ 戀愛知多少　淺野八郎著　160元
10. 性格測驗⑩ 由裝扮瞭解人心　淺野八郎著　160元
11. 性格測驗⑪ 敲開內心玄機　淺野八郎著　140元
12. 性格測驗⑫ 透視你的未來　淺野八郎著　160元
13. 血型與你的一生　淺野八郎著　160元
14. 趣味推理遊戲　淺野八郎著　160元
15. 行為語言解析　淺野八郎著　160元

## ・婦 幼 天 地・大展編號 16

1. 八萬人減肥成果　黃靜香譯　180元
2. 三分鐘減肥體操　楊鴻儒譯　150元
3. 窈窕淑女美髮秘訣　柯素娥譯　130元
4. 使妳更迷人　成　玉譯　130元
5. 女性的更年期　官舒妍編譯　160元
6. 胎內育兒法　李玉瓊編譯　150元
7. 早產兒袋鼠式護理　唐岱蘭譯　200元
8. 初次懷孕與生產　婦幼天地編譯組　180元
9. 初次育兒 12 個月　婦幼天地編譯組　180元
10. 斷乳食與幼兒食　婦幼天地編譯組　180元
11. 培養幼兒能力與性向　婦幼天地編譯組　180元
12. 培養幼兒創造力的玩具與遊戲　婦幼天地編譯組　180元
13. 幼兒的症狀與疾病　婦幼天地編譯組　180元
14. 腿部苗條健美法　婦幼天地編譯組　180元
15. 女性腰痛別忽視　婦幼天地編譯組　150元
16. 舒展身心體操術　李玉瓊編譯　130元
17. 三分鐘臉部體操　趙薇妮著　160元
18. 生動的笑容表情術　趙薇妮著　160元
19. 心曠神怡減肥法　川津祐介著　130元

國家圖書館出版品預行編目資料

易學源流／鄭萬耕著
——初版，——臺北市，大展，2002〔民91〕
面；21公分，——（易學智慧；6）
ISBN 957-468-123-8（平裝）
1. 易經—研究與考訂
121.17　　91000847

# 易學源流

ISBN 957-468-123-8

著　　者／鄭萬耕
責任編輯／信　群・薛勁松
負 責 人／蔡 森 明
出 版 者／大展出版社有限公司
社　　址／台北市北投區（石牌）致遠一路2段12巷1號
電　　話／（02）28236031・28236033・28233123
傳　　真／（02）28272069
郵政劃撥／01669551
E－mail ／dah-jaan @ms 9.tisnet.net.tw
登 記 證／局版臺業字第2171號
承 印 者／高星印刷品行
裝　　訂／日 新 裝 訂 所
排 版 者／弘益電腦排版有限公司
初版1刷／2002年（民91年）3 月
初版發行／2002年（民91年）4 月

定　價／280元

大展好書 好書大展